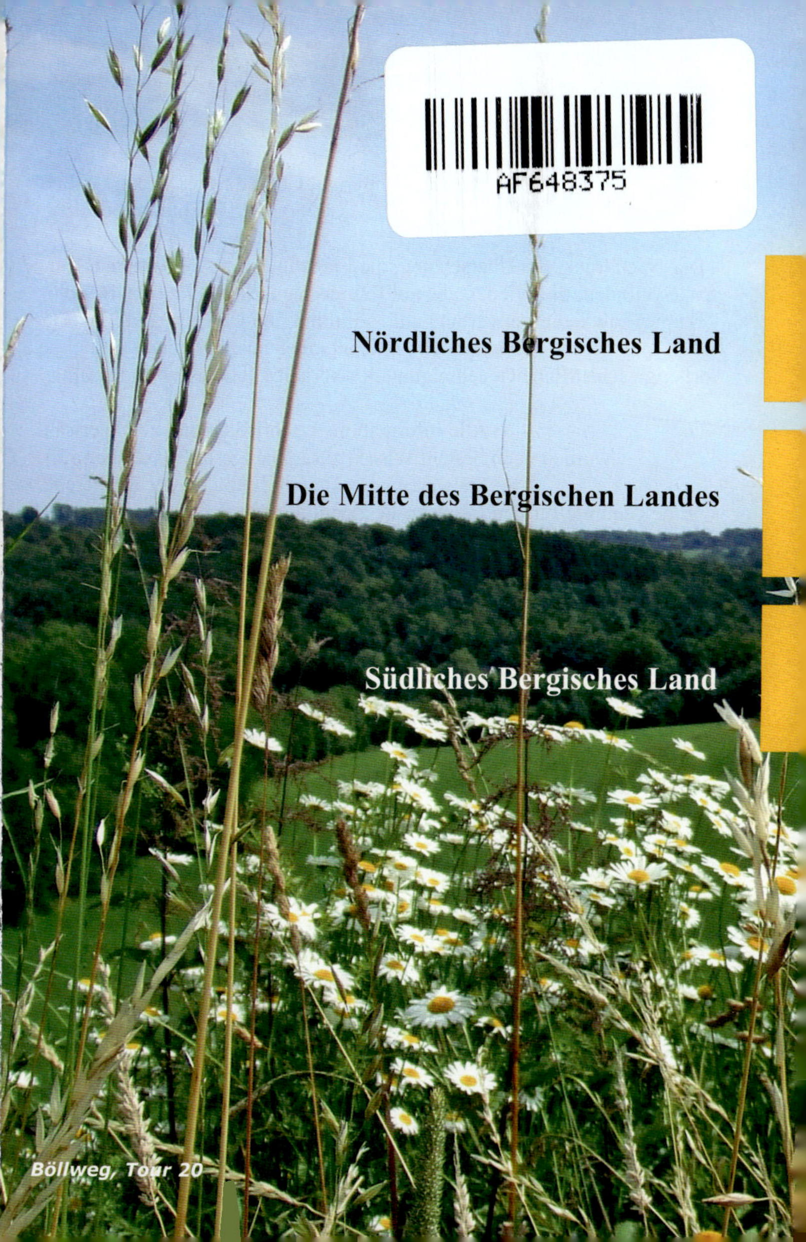

Böllweg, Tour 20

Bergisches Land

Die Autoren und der Verlag sind für Lesertipps und Verbesserungen (besonders per E-Mail) unter Angabe der Auflagen- und Seitennummer dankbar.

Dieses OutdoorHandbuch hat 160 Seiten mit 70 farbigen Abbildungen, 25 farbigen Kartenskizzen im Maßstab 1:25.000 und 1:50.000 sowie 24 farbigen Höhenprofilen und einer farbigen, ausklappbaren Übersichtskarte. Es wurde auf chlorfrei gebleichtem, FSC®-zertifiziertem Papier gedruckt, in Deutschland klimaneutral hergestellt und transportiert und wegen der größeren Strapazierfähigkeit mit PUR-Kleber gebunden.

FSC
www.fsc.org
MIX
Papier aus verantwortungsvollen Quellen
FSC® C009051

Klimaneutral
Druckprodukt
ClimatePartner.com/10951-2201-1003

Dieses Buch ist im Buchhandel und in Outdoor-Läden erhältlich und kann im Internet oder direkt beim Verlag bestellt werden.

OutdoorHandbuch Band 368

ISBN 978-3-86686-762-8 2., überarbeitete Auflage 2022

Text und Fotos: Susanne Hartmann & Ralf Seck
Karten: Manuela Dastig
Lektorat: Anna-Lena Ebner
Layout: Alexandra Sauerland

Gesamtherstellung: gutenberg beuys feindruckerei

Dieses OutdoorHandbuch wurde konzipiert und redaktionell erstellt vom:

Conrad Stein Verlag GmbH,
Kiefernstr. 6, 59514 Welver,
☏ 023 84/96 39 12,
info@conrad-stein-verlag.de,
www.conrad-stein-verlag.de

Besuchen Sie uns bei Facebook & Instagram:

www.facebook.com/outdoorverlag

www.instagram.com/outdoorverlag

Titelfoto: Rastbank mit Fernsicht, Tour 18

Inhalt

☺ Eine **Übersichtskarte** des Weges, **Autorenprofil** sowie eine Liste aller verwendeten **Symbole** in diesem Buch finden Sie auf den vorderen und hinteren Umschlagseiten bzw. -klappen.

Wandern im Bergischen Land

Das Bergische Land beeindruckt durch seine natürliche Schönheit und bietet zahllose Ausblicke über Hügel und Wälder. Gut verteilt über die Region finden Sie immer wieder Zeugen der jahrhundertealten Geschichte dieser Gegend. Geografisch wird das Bergische Land durch drei Flüsse begrenzt, im Norden durch die Ruhr, im Westen durch den Rhein und im Süden durch die Sieg. Im Osten verläuft die Grenze zwischen Rheinland und Westfalen.

Die Landschaft besticht vor allem durch ihre abwechslungsreichen Wälder, weiten Wiesen und Felder, Hügel und Täler. Entstanden ist das Mittelgebirge aus Ablagerungen des Meeres, das vor über 300 Millionen Jahren bis hierher flutete. Sie werden auf Ihren Streifzügen auf Überreste des devonischen Meeresbodens stoßen.

Idyllische Bachläufe und Seen ergänzen das Landschaftsbild. So ist es nicht überraschend, dass das Wasser schon früh eine große Bedeutung in der Region hatte. Die Bäche und Flüsse wurden als Energiequelle für verschiedenste industrielle Fertigungen genutzt. Der daraufhin enorm anwachsende Wasserbedarf führte zum Bau vieler Talsperren, deren Dichte weltweit ihresgleichen sucht und die beliebte Ausflugsziele sind.

Ein interessanter Kontrast sind die vielen Denkmäler der Industriekultur, die Sie teilweise noch besichtigen können, obwohl sich die Natur an einigen Stellen ihren Platz bereits zurückerobert hat. Außerdem finden Sie noch viele alte Mühlen in den Tälern, die heute für verschiedenste Zwecke genutzt werden. Häufig wurden sie zu Gastronomiebetrieben umgebaut und laden nun mit bergischen Spezialitäten zur Einkehr ein. Oftmals betreten Sie dann eine historische Stätte mit musealem Charakter. In dieser einzigartigen Atmosphäre können Sie dann z. B. die typische „Bergische Kaffeetafel" probieren.

Unter dem Motto „Koffendrenken met allem dröm on dran" werden Ihnen unter anderem Rosinenblatz (Rosinenstuten), Milchreis mit Zimt und Zucker, Honig, Rübenkraut, Quark, bergisches Schwarzbrot, Butter, Käse, Wurst und Schinken, Waffeln mit heißen Kirschen und natürlich Kaffee aus der unvermeidlichen „Dröppelmina" serviert.

Der Name Dröppelmina für die bauchige Kaffeekanne mit Kran entstand aufgrund des „dröppelnden“ (tropfenden) Kaffees. Wenn dieser erst einmal in der Kanne ist, macht sich umgehend die Fehlkonstruktion bemerkbar. Das Kränchen ist undicht und zudem wird der schmale Ausguss durch den Kaffeesatz verstopft, sodass der Kaffee tatsächlich nur noch tröpfchenweise aus der Kanne kommt. Für den zweiten Teil des Namens musste der Spitzname der damaligen Hausdienerin Wilhelmine – „Mina“ – herhalten.

Die Zutaten für die Bergische Kaffeetafel variierten in früheren Zeiten je nach Wohlstand des Gastgebers.

Das Bergische Land steigt von West nach Ost von ca. 60 m über NN auf Höhen über 500 m an und hat zu jeder Jahreszeit seine Reize. Im Frühling begeistern die blühenden Streuobstwiesen, im Sommer genießen Sie Wanderungen in schattigen Laub- und Mischwäldern und erfrischen sich an Bächen und Seen. Im Herbst tauchen die bunten Blätter die Landschaft in ein besonderes Licht und im Winter erleben Sie das Land aus einer neuen Perspektive, wenn das Laub von den Bäumen gefallen ist und andere Sichtwinkel freigibt.

In diesem Wanderführer möchten wir Sie mitnehmen auf die „Bergischen Streifzüge“, eine Reihe von Tages- und Halbtageswanderungen durch das Bergische Land. Jede dieser Wanderungen widmet sich einem speziellen Thema rund um Natur, Kultur, Geschichte und Technik aus der Region. Sechs dieser Wege gehen besonders auf Kinder im Grundschulalter ein. Hier hat die Maus aus der „Sendung mit der Maus“ Pate gestanden. Auf den Infotafeln, die an jeder Route themenbezogene Erläuterungen bieten, gibt es bei diesen speziellen „Kinderwegen“ eigene Bereiche, die sich direkt an die kleinen Wanderer richten und das Wandern zu einem besonderen Erlebnis machen. Zum Teil finden Sie dort auch Audiostationen vor, an denen durch Betätigen einer Kurbel spannende Geschichten zu den jeweiligen Themen erzählt werden. Selbstverständlich haben diese Wege aber auch Interessantes für die großen Wanderer zu bieten.

So tauchen Sie in die Geschichte dieser interessanten Region ein und erfahren wandernd sowohl die wunderbare Natur als auch Spannendes aus der Historie.

Das Bergische Land trägt seinen Namen übrigens im Ursprung nicht aufgrund der hügeligen Landschaft. Vielmehr sind Adlige aus dem 11. Jahrhundert die eigentlichen Namensgeber. Diese errichteten damals eine wehrhafte Burg oberhalb der Dhünn. Als sie schließlich in den Grafenstand erhoben wurden, nannten sie sich de Monte (von Berg). Von ihrem ersten Stammsitz in Altenberg aus brachten sie ab Mitte des 11. Jahrhunderts einen Großteil des heutigen Bergischen Landes an sich und hinterließen ihren Namen als Relikt. Der Ort Altenberg wird deshalb auch gerne als die „Wiege des Bergischen Landes“ bezeichnet.

Viel Vergnügen auf Ihren spannenden Entdeckungsreisen durch die Region wünschen Ihnen Susanne Hartmann und Ralf Seck.

Reise-Infos

Anreise

Das Bergische Land ist über die Autobahnen 1, 3, 4 und 45 hervorragend aus allen Richtungen zu erreichen. Je nachdem aus welcher Region Sie anreisen und welchen Teil des Bergischen Landes Sie ansteuern möchten, bieten sich verschiedene Anfahrtsmöglichkeiten. So empfiehlt es sich, die Anreise über einen Routenplaner entsprechend vorzubereiten.

Köln liegt zentral in Deutschland und ist aus dem gesamten Bundesgebiet in wenigen Stunden mit einem ICE oder IC zu erreichen. Vom Kölner Hauptbahnhof gibt es gute Verbindungen zu verschiedenen Städten im Bergischen Land, z. B. nach Bergisch Gladbach, Rösrath, Overath, Engelskirchen, Gummersbach, Marienheide oder Leichlingen, die sich als Ausgangspunkte für Wanderungen eignen. Nutzen Sie zur Recherche den Reiseplaner der Deutschen Bahn unter www.bahn.de.

Im gesamten Bergischen Wanderland gibt es zudem ein gut ausgebautes Busnetz. Damit sind auch die kleineren Orte gut zu erreichen. Auch von den Flughäfen Köln/Bonn und Düsseldorf aus gibt es zahlreiche Verbindungen. Bitte benutzen Sie den Reiseplaner der regionalen Verkehrsverbünde VRS (www.vrs.de) und VRR (www.vrr.de).

Unterkünfte

Es gibt zahlreiche Übernachtungsmöglichkeiten im gesamten Bergischen Land. Ein spezielles Gastgeberverzeichnis für das Bergische Wanderland finden Sie unter:

www.bergisches-wanderland.de/bergisches-wanderland/gastgeber

Besonders zu erwähnen sind die Gastgeber, die mit dem Gütesiegel „Gastgeber Bergisches Wanderland“ ausgezeichnet sind. Diese sind speziell auf Wanderer eingestellt.

Öffentliche Verkehrsmittel

Die Startpunkte für die meisten Wanderungen sind gut mit öffentlichen Verkehrsmitteln zu erreichen. Bei jeder einzelnen Tour sind die Anreisemöglichkeiten mit dem ÖPNV vermerkt. Fahrplanauskünfte erhalten Sie bei den regionalen Verkehrsverbünden:

- Verkehrsverbund Rhein-Ruhr: 💻 www.vrr.de, ☎ 018 06/50 40 30
- Verkehrsverbund Rhein-Sieg: 💻 www.vrsinfo.de, ☎ 018 06/50 40 30
- Oberbergische Verkehrsgesellschaft, 💻 www.ovaginfo.de, ☎ 022 61/92 60-0, ☎ 018 06/50 40 30
- Kraftverkehr Wupper-Sieg, 💻 www.wupsi.de, ☎ 021 71/50 07-0
- Regionalverkehr Köln, 💻 www.rvk.de, ☎ 02 21/16 37-0

Ein spezieller Wanderbus (Linie 267) fährt zwischen den Städten Wermelskirchen und Bergisch Gladbach-Bensberg. Er verkehrt im Verkehrsverbund Rhein-Sieg von März bis November am Wochenende und an Feiertagen im Zweistundentakt. Aktuelle Fahrpläne finden Sie unter:

💻 www.bergischerwanderbus.de.

Markierungen

Die Bergischen Streifzüge verfügen über eine einheitliche Markierung. Jeder Streifzug ist durch eine weiße Zahl auf rotem Grund gekennzeichnet. Die Streifzüge sind durchnummeriert. Für Wegerweiterungen oder empfohlene Abstecher gibt es abweichende Symbole, die in der jeweiligen Wegbeschreibung aufgeführt sind.

Updates

Der Conrad Stein Verlag veröffentlicht Updates zu diesem Buch, die direkt von den Autoren oder von Lesern dieses Buches stammen. Bitte suchen Sie vor Ihrer Abreise auf der Verlags-Homepage 💻 www.conrad-stein-verlag.de diesen Titel. Unter dem Punkt Updates finden Sie alle wichtigen Informationen. Der rechts abgebildete QR-Code führt Sie direkt zu der richtigen Seite.

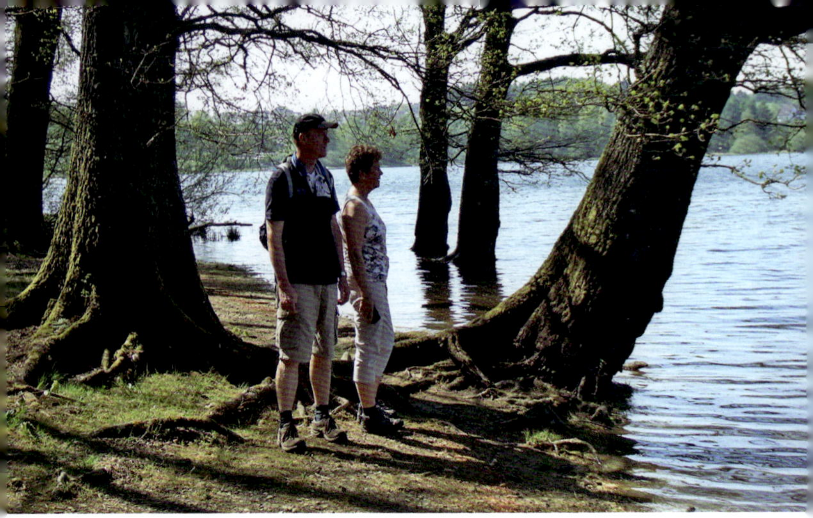

Unterwegs auf dem Bergischen Fuhrmannsweg, Tour 9

GPS

Sie können die GPS-Tracks auf der Internetseite des Verlags herunterladen.

www.conrad-stein-verlag.de

Wenn Sie den Link anklicken, öffnet sich entweder ein Downloadfenster oder es startet direkt ein Download. Ist Letzteres der Fall, finden Sie die GPS-Tracks (als ZIP-Datei) kurz darauf in Ihrem Download-Ordner. Mit einem Programm wie Winzip können Sie die Datei ganz einfach entpacken. Falls dennoch Probleme auftreten, schreiben Sie uns eine E-Mail und wir schicken Ihnen die Datei.

Tipps zum Umgang mit dem GPS-Gerät finden Sie in dem Ratgeber „**GPS** – Grundlagen · Tourenplanung · Navigation“ von Michael Hennemann, Conrad Stein Verlag, ISBN 978-3-86686-495-5, € 9,90.

Wanderkarten

Aktuell ist leider keine geeignete Wanderkarte für das Bergische Land in Papierform im Handel erhältlich.

Das Landschaftsbild im Bergischen ist im Wandel

Der Klimawandel hat auch in dieser waldreichen Region für Veränderungen gesorgt. Durch das Absinken des Grundwasserspiegels infolge zu vieler Trockenperioden nacheinander reichen die Wurzeln einiger Baumarten nicht mehr tief genug, um ausreichend Wasser aufzunehmen. Die geschwächten Bäume sind nicht mehr in der Lage, genügend Harz für ihre Wundheilung zu produzieren und werden Opfer des Borkenkäferbefalls. Betroffene Nadelbäume sind im besonderen Maße Fichten, aber auch Douglasien und Lärchen.

Abholzung und Abtransport von Totholz sind notwendig, können jedoch zeitweise die Wegbeschaffenheit einiger Streifzüge beeinträchtigen. Die nun entstandenen Lücken haben aber auch Vorteile: So bieten sich plötzlich Möglichkeiten, die vielen Höhen und Täler des Bergischen Landes aus einer neuen Perspektive zu betrachten. Und der Wandel ist noch nicht abgeschlossen, denn die Aufforstung hin zu widerstandsfähigen Mischwäldern hat in einigen Regionen bereits begonnen und wird in der mehrjährigen Wachstumsphase immer wieder neue Landschaftsbilder hervorbringen.

Wandern mit Kind/Buggy

Für Kinder gibt es viel zu entdecken, speziell auf den ausgewiesenen „Maus-Wegen“ werden Ihre Kinder begeistert mitwandern und der nächsten Infostation entgegenfiebern, um hier wieder spannende, kindgerecht aufbereitete Geschichten zu den jeweiligen Themen zu erfahren. Ca. 1/3 der beschriebenen Wanderwegen eignen sich auch für die Mitnahme eines (meist jedoch) geländegängigen Buggys.

Wandern mit Hund

Der überwiegende Teil der Streifzüge eignet sich gut für das Wandern mit Hund. Es gibt viele Trinkmöglichkeiten unterwegs und die Untergründe sind sehr abwechslungsreich. Teilweise durchqueren Sie Naturschutzgebiete, dort beachten Sie bitte die Anleinpflicht.

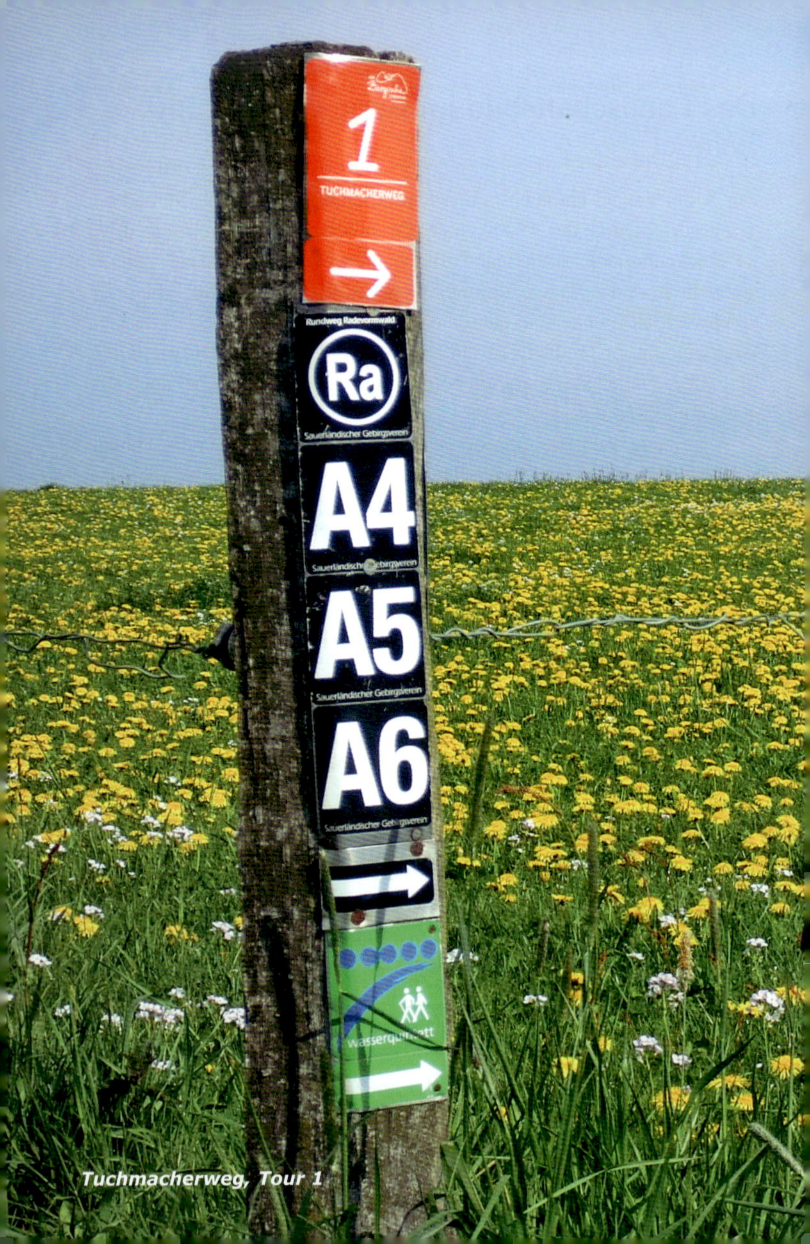

Tuchmacherweg, Tour 1

Nördliches Bergisches Land

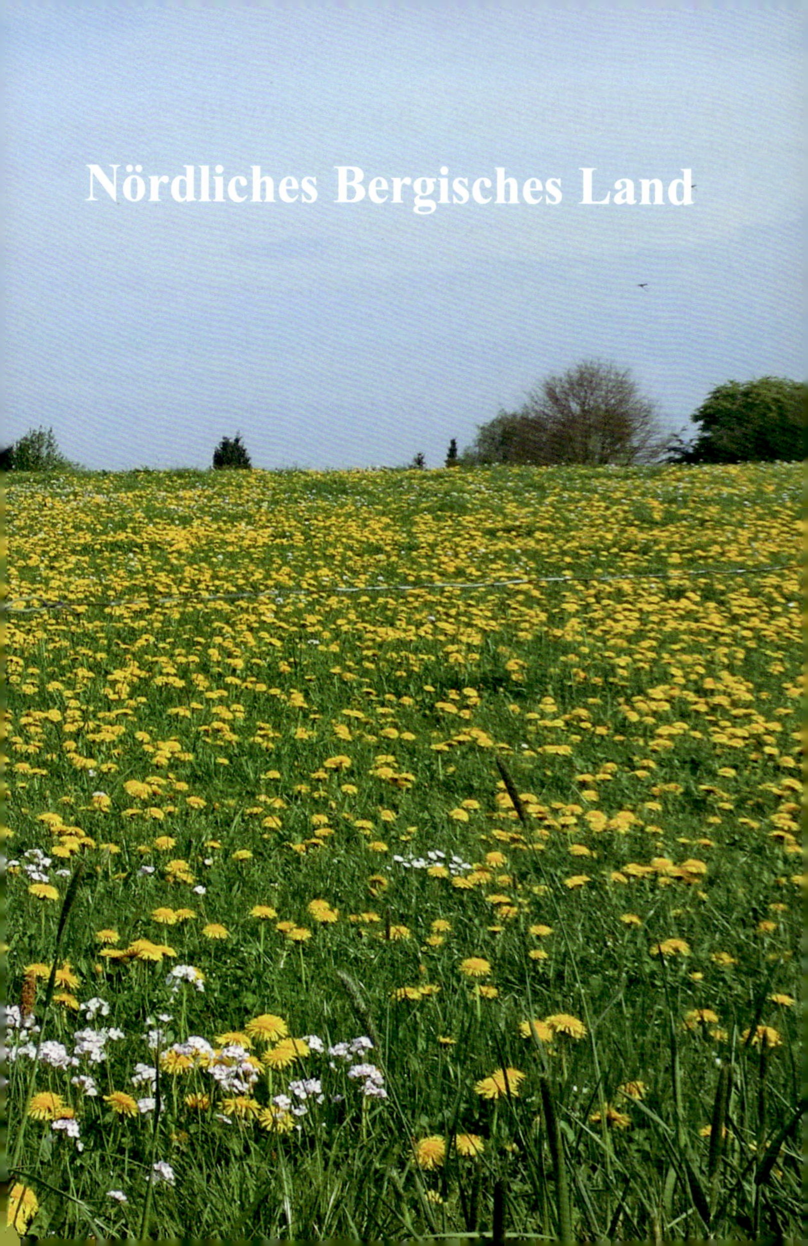

1 Tuchmacherweg – Radevormwald

Tour für Naturliebhaber und Geschichtsinteressierte

Dieser mittelschwere Streckenweg startet in unmittelbarer Nähe zum Rathaus in Radevormwald und lässt sich zu einem Rundweg erweitern (☞ Variante am Ende der Tour). Der Weg ist den Tuchmachern des Bergischen Landes gewidmet.

Sie passieren zunächst herrliche Wälder, Felder und später alte Textilindustrieanlagen sowie frühere Fabrikgebäude und Arbeiterwohnhäuser, die liebevoll restauriert worden sind. Auch der stillgelegte Bahnhof Dahlhausen mit seinen nostalgischen Fahrzeugen liegt am Wegesrand. Wald- und Feldwege wechseln sich mit Asphaltpassagen ab. Sonnige und schattige Abschnitte halten sich die Waage.

→ Start: Radevormwald, Kottenstraße (Nähe Rathaus), GPS N 51°12.286' E 007°21.414'; Ziel: Radevormwald-Krebsöge, Wupperdamm, GPS N 51°11.886' E 007°17.952'. ↻ Bei der Wegvariante ist der Startpunkt in Radevormwald auch das Ziel.

➲ 10,2 km; mit Variante 20,6 km

⌛ 3 Std.; mit Variante 5 Std. 30 Min.

↑↓ 230 m/331 m; mit Variante 539 m/539 m

⇧ 207-372 m; mit Variante 207-377 m

✎ 1 (weiße Zahl auf rotem Grund), Wegweiser an allen Abzweigungen; Variante: Ra (weiße Buchstaben auf schwarzem Grund)

Wald- und Wirtschaftswege wechseln sich mit verkehrsarmen Straßen ab, siehe Anmerkung zum Landschaftsbild im Wandel – ☞ Seite 13.

✕ Restaurant Uelfetal (km 1,8) sowie ein breites Angebot für jeden Geschmack (vom Eiscafé bis zum Restaurant) im Zentrum von Radevormwald, das im Zielbereich durchquert wird; Variante: Landgasthof Heidersteg (km 14,8)

Rastbänke, teilweise mit Abfallbehälter, > 10 (mit Variante > 20) über die gesamte Wegstrecke verteilt. Besonders schön: Rastbank unter Eiche (km 3,7), Landschaftsbalkon im Wilhelmstal (km 8,5), Rastbank an den zwei Bachbrücken (km 17,6)

Freizeitcenter mit Schwimmbad und Sauna in Radevormwald beim Start/Ziel; Variante: Badestellen am Ufer der Wupper-Talsperre auf der gegenüberliegenden Seite der Krähwinkler-Brücke

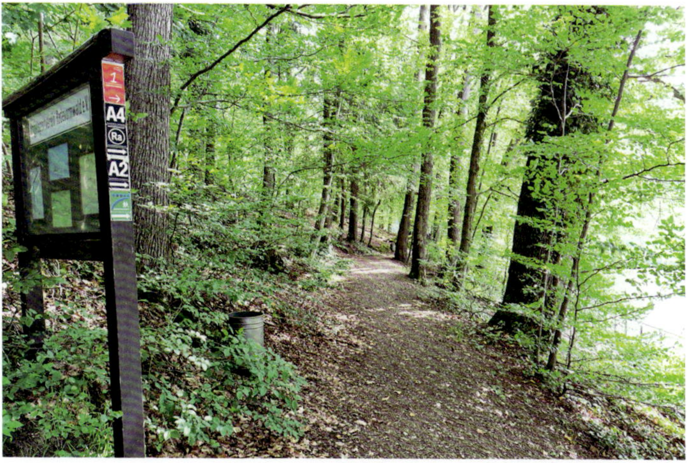

Wegmarkierung auf dem Tuchmacherweg

Der Weg bietet viel Abwechslung und bei entsprechender Jahreszeit „Naschobst“ am Wegesrand, z. B. Himbeeren oder Waldbeeren. Variante: Aufgrund der Gesamtlänge ist der Rundweg nur bedingt für Kinder geeignet. Ältere Kinder können die Entfernung eventuell schon bewältigen, speziell der Uferweg ist sicher reizvoll für Kinder. Es ist auch möglich, erst am Zwischenziel einzusteigen und nur die Variante zu laufen.

Das Mitführen eines Buggys ist nicht empfehlenswert, da unterwegs steile Passagen mit Wurzelwerk und unwegsames Gelände zu bewältigen sind. Das gilt auch für die Variante.

Der Weg führt teilweise am Wupperufer (bzw. bei der Erweiterung am Wupper-Talsperrenufer) entlang, sodass es Trinkmöglichkeiten gibt. Der Untergrund wechselt zwischen Waldböden, Feldwegen und Straßen.

P Im Startbereich sind kostenfreie Parkplätze vorhanden. Im Zielbereich befindet sich der Wanderparkplatz Krebsöge (GPS N 51°11.985' E 007°18.215') auf der anderen Seite der Staumauer.

Von Köln Hbf mit Zug RE 7 (stündlich) bis Wuppertal-Oberbarmen und von dort mit der Buslinie 626 bis „Radevormwald Busbahnhof“. Von dort erreichen Sie den Startpunkt beim Rathaus nach wenigen Hundert Metern durchs Zentrum der Stadt. Vom Zielpunkt können Sie nach der Wanderung mit dem Bus der Linie 671 zum Start zurückkehren.

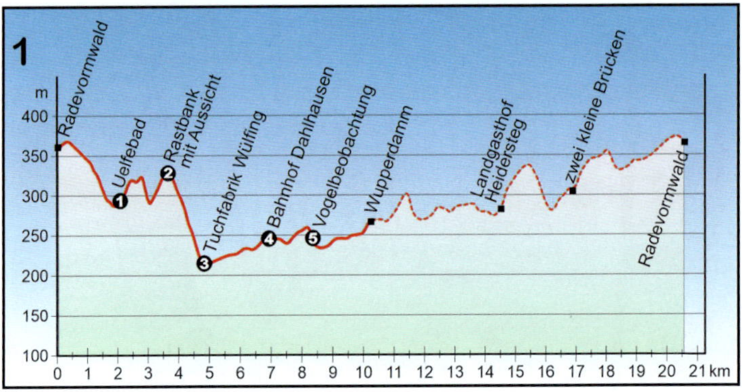

Sie starten in unmittelbarer Nähe des Rathauses von Radevormwald in der Kottenstraße im Wendehammer vor dem Freizeitcenter. Hier finden Sie eine erste Infotafel. Von dort folgen Sie der Markierung links um das life-ness-Center herum.

☺ Das Freizeitcenter bietet vielfältige Möglichkeiten, z. B. ein Schwimmbad und eine Saunalandschaft.

♦ life-ness, Carl-Diem-Straße 33 (Anfahrt Kottenstraße), 42477 Radevormwald, ☏ 021 95/916 20, info@life-ness.de, www.life-ness.de, Schwimmen: Die aktuellen Öffnungszeiten entnehmen Sie bitte der Webseite.

Sie wandern ein Stück durch die höchstgelegene Stadt des Bergischen Landes und erreichen bald einen weiteren Wendehammer (km 1,2). Gehen Sie hier geradeaus auf einen schmalen Waldweg, auf dem Sie in der passenden Jahreszeit wilde Himbeeren naschen können. Der Weg führt Sie über Wurzelpassagen bergab ins Uelfetal.

Das Uelfetal ist ein Naturschutzgebiet, in dem sich heute wieder Fledermäuse angesiedelt haben, die man mit etwas Glück an Sommerabenden bei der Jagd beobachten kann.

Bereits 1927 öffnete das Uelfebad ❶, das gleichzeitig die kleinste Talsperre und ein Publikumsmagnet der Region war. Im Sommer kam der Badespaß nicht zu kurz und in den Wintermonaten wurde das Bad zu einer Eisbahn umfunktioniert.

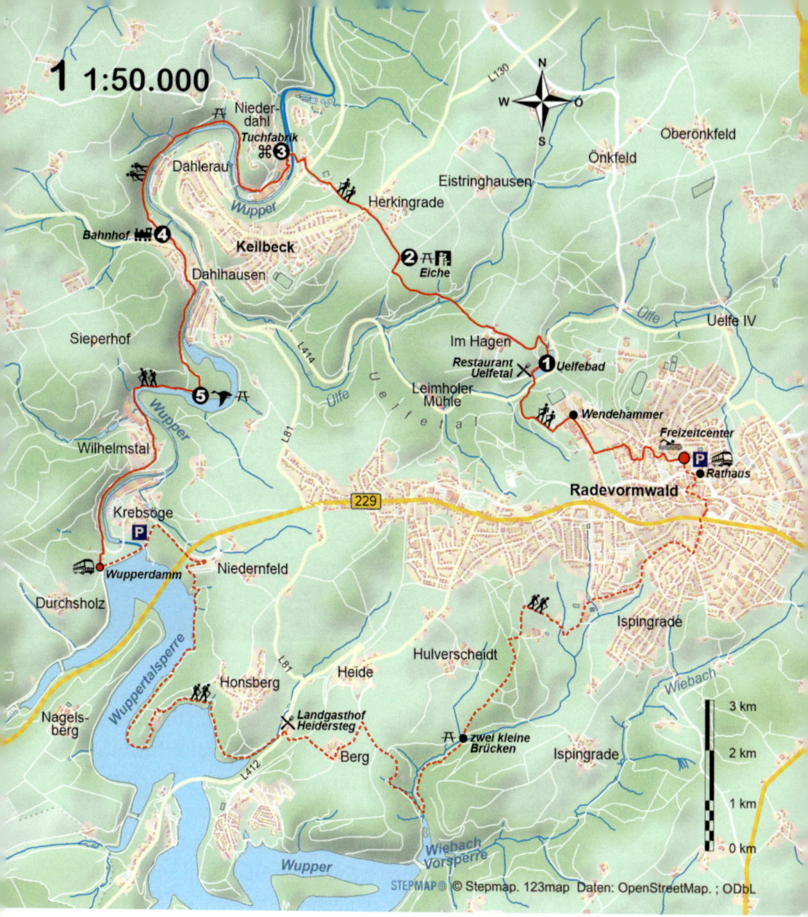

Es musste jedoch bereits im Jahr 1955 aufgrund der damaligen Wasserverschmutzung wieder schließen. Heute ist das Wasser jedoch wieder sauber.

Direkt am Ufer liegt das Café-Restaurant Uelfetal und heißt Wanderer herzlich willkommen.

Restaurant Uelfetal, Uelfebad 1, 42477 Radevormwald, ☎ 021 95/12 10, info@uelfebad.de, www.uelfebad.de, Mo-Do geschlossen, Fr-So 12:00-21:00

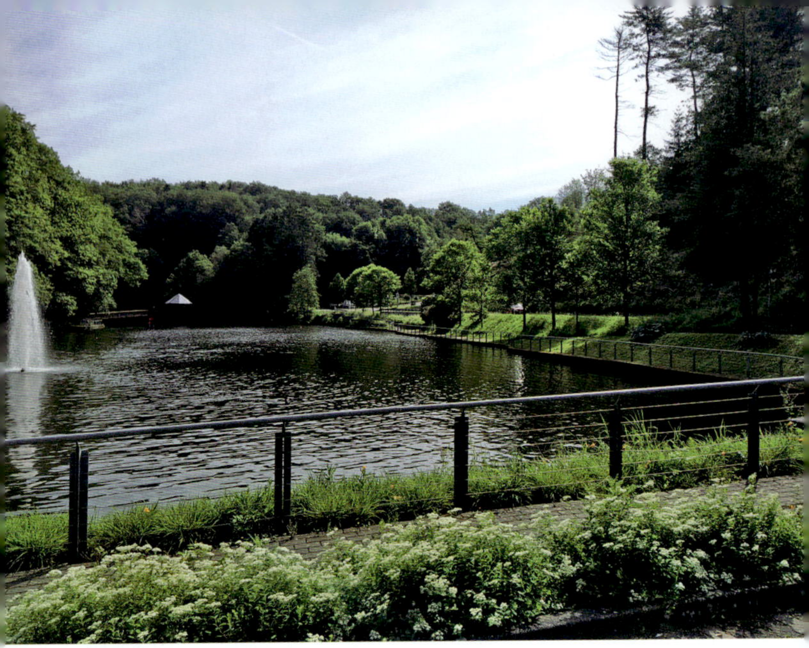

Uelfebad

Am Ufer laden auch Rastbänke zum Verweilen ein. Hinter dem Restaurant führt der Weg links einige Stufen hoch in den Wald. Nachdem Sie diesen durchquert haben, sorgen Felder für Abwechslung. Auf einem Wiesenweg geht es danach geradeaus weiter hinter den Häusern her (km 2,6). Der dann folgende Abschnitt durch den Wald führt steil bergab über einen wurzeldurchsetzten Weg. Im Tal queren Sie einen Bach und steigen auf der anderen Seite über Wurzel- und Felspassagen wieder bergan. Auf der Höhe verlassen Sie den Wald und wandern zwischen Feldern zu einer idyllisch gelegenen Rastbank unter einer Eiche ❷ (km 3,7) mit herrlicher Sicht über die Bergischen Höhen.

Vor der Bank wenden Sie sich nach links und folgen der Markierung über einen schmalen Feldweg leicht bergab, durchwandern bald die kleine Ortschaft Herkingrade, folgen der Straße weiter ins Tal und überqueren zunächst Bahngleise und anschließend die Wupper. Der Fluss war die treibende Kraft der Industrialisierung in dieser Region, nicht nur für die Eisen-, sondern auch für die Textilindustrie.

Ein prominenter Vertreter dieser Branche war die ehemalige Tuchfabrik „Johann Wülfing & Sohn“ ❸, die Sie nun erreichen.

Die Firma wurde 1674 durch Gottfried Wülfing in Lennep gegründet und konnte auf eine mehr als dreihundertjährige Geschichte zurückblicken, bevor sie 1996 endgültig abgewickelt wurde. Die Herstellung von Herren- und Damenoberbekleidungsstoffen ermöglichte bereits 1845 Handelsbeziehungen zu den USA. Eine Infotafel gibt Ihnen weitere Erklärungen zu der eindrucksvollen Geschichte dieses Traditionsunternehmens.

Gehen Sie der Markierung folgend weiter über die Straße, entdecken Sie die alten Gebäude, die heute in neuer Funktion genutzt werden, und tauchen Sie ein wenig in die Geschichte ein. Für tiefere Einblicke bietet sich ein Besuch im ⌘ Wülfing-Museum an.

⌘ Im Museum wird anschaulich erläutert, wie auf den beinahe hundertjährigen Maschinen, die noch heute funktionstüchtig sind, früher Textilien gefertigt wurden. Auch ein Textilprüflabor für die Qualitätskontrolle kann besichtigt werden. Außerdem sind noch Relikte der Energieerzeugung in vergangenen Zeiten zu bestaunen, z. B. eine historische Dampfmaschine.

♦ Johann Wülfing & Sohn Museum, Am Graben 4-6, 42477 Radevormwald, info@wuelfing-museum.de, www.wuelfing-museum.de, So 11:00-17:00

Der Weg führt nun im Tal entlang der Wupper weiter. Sie passieren einen kleinen Kinderspielplatz mit Rastbänken, Fitnessgeräten und Abfalleimer (km 6,0) und erreichen im weiteren Verlauf das alte Bahnhofsgelände Dahlhausen ❹ (km 7,0), wo Eisenbahnnostalgiker auf ihre Kosten kommen.

Die Wuppertalbahn nahm 1886 ihren Betrieb auf. 1890 erhielt Radevormwald einen Nebenanschluss, doch bereits Ende der 1920er-Jahre gingen die Fahrgastzahlen zurück.

1979 wurde der Personenverkehr von Radevormwald nach Wuppertal eingestellt und Ende der 1990er-Jahre fuhr der letzte Güterzug. Heute kümmert sich ein Förderverein um einen Teil der Strecke und hält diesen instand.

☺ Am alten Bahnhof Dahlhausen werden Bahnfahrten der besonderen Art angeboten. Auf den lange stillgelegten Gleisen können Sie mit einer Fahrraddraisine eine landschaftlich reizvolle Strecke entlang der Wupper erkunden. Weitere Informationen und Buchungen unter:
www.wuppertrail.com

Lassen Sie das Bahnhofsgelände hinter sich und wandern Sie weiter entlang der alten Gleise. Bald erreichen Sie wieder einen breiten Waldweg, der sich im Naturschutzgebiet befindet. Genießen Sie die Natur, das Vogelgezwitscher und dann auch wieder das Wupperufer. Ein Vogelbeobachtungsposten (Landschaftsbalkon im Wilhelmstal) ❺ lädt bei km 8,3 zu einer Rast ein. Auf dem ufernahen Weg können Sie Schwäne, Nilgänse, Kormorane, Blesshühner und auch Biber entdecken. Sie folgen weiter der Markierung und gelangen dann zum Ziel dieses Streckenweges am Wupperdamm.

Hier haben Sie nun zwei Möglichkeiten: Sie können mit dem Bus (Linie 671) zum Start zurückfahren (www.vrr.de) oder den Weg zu einem Rundweg erweitern und wandernd zum Startpunkt zurückkehren.

Wegmarkierung auf dem Rundweg

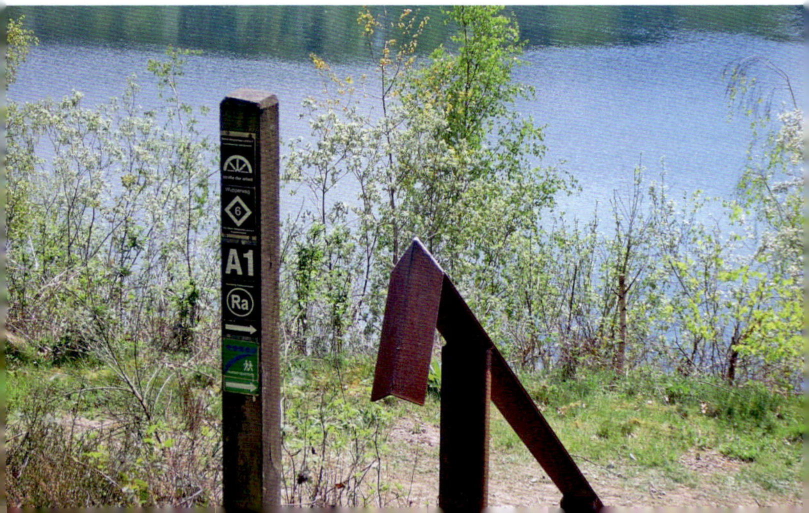

↳ Variante: Erweiterung der Tour zum Rundweg

Diese Erweiterung erlaubt Ihnen, aus dem eigentlichen Streckenweg einen Rundweg zu machen. Vom Zwischenziel am Wupperdamm folgen Sie einer neuen Markierung, gewinnen herrliche Eindrücke von der Wuppertalsperre, finden Badestellen und genießen die Natur.

Sie wandern am Zwischenziel Wupperdamm über die Staumauer und folgen nun der neuen Markierung „Ra" (weiße Buchstaben auf schwarzem Grund). Der Weg führt ein kurzes Stück an der Straße entlang, bevor Sie rechts über einen Wanderparkplatz den Uferweg an der Talsperre erreichen.

☺ Die Wupper-Talsperre wurde 1987 in Betrieb genommen und ist eine Brauchwassertalsperre. Sie dient dem Hochwasserschutz, hilft jedoch auch, den Wasserstand der Wupper in Niedrigwasserzeiten zu regulieren. Große Teile der Uferbereiche sind Landschaftsschutzgebiete. So werden die Besucher gebeten, sorgsam mit der Natur umzugehen. Es gibt ausgewiesene Badestellen auf der gegenüberliegenden Seite der Krähwinkler Brücke, die Sie der aufgestellten Infotafel entnehmen können. Dort ist das Baden ausdrücklich erlaubt und bietet eine willkommene Erfrischung nach den Anstrengungen einer Wanderung.

Der Weg führt Sie nun für eine Weile an der Talsperre entlang, immer wieder mit schönen Ausblicken und Rastbänken am Wegesrand, die zu einer Pause einladen. Bei km 14,4 verlassen Sie das Talsperrenufer. Im Folgenden überqueren Sie eine Straße und erreichen den ✕ Landgasthof Heidersteg.

✕ Landgasthof Heidersteg, Heidersteg 1, 42477 Radevormwald, ☏ 021 95/27 06, info@brila-koeln.de, www.landgasthof-heidersteg.metro.rest, Di-So 12:00-14:00 und 16:30-22:30, Mo Ruhetag

Kurz darauf erreichen Sie wieder einen Wald. Genießen Sie den schattigen Weg. Im weiteren Verlauf folgen Sie einem Bach, den Sie dann über zwei kleine Brücken (km 17,0) hintereinander überqueren. Gleich im Anschluss wartet eine Rastbank auf Sie. Gönnen Sie sich eine Pause und lauschen Sie dem murmelnden Bächlein.

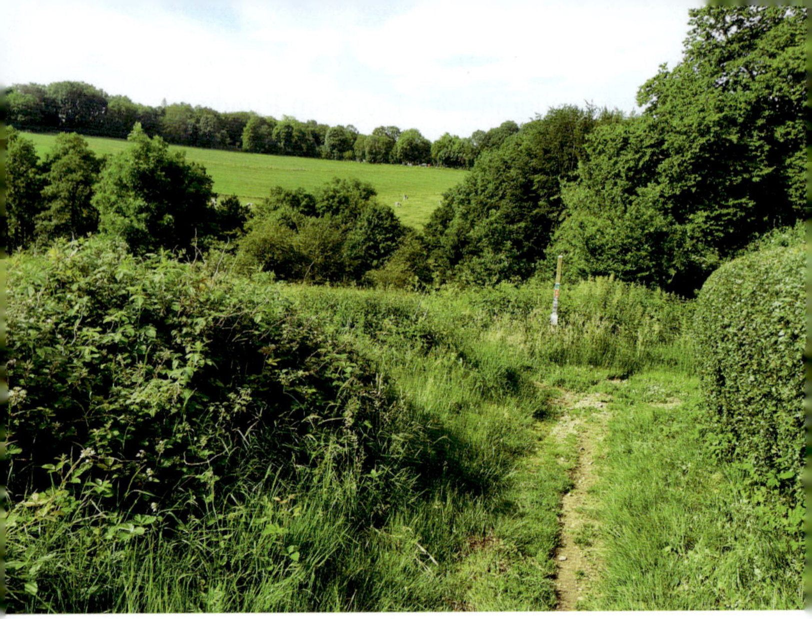

Bergische Höhen

Hinter dieser Bank führt Sie der Weg links hoch über eine steile, steinige Wurzelpassage. Oben angekommen können Sie sich auf einer weiteren ⛼ Rastbank mit Weitblick kurz erholen.

Auf der Anhöhe (km 18) wenden Sie sich nach links. Bei km 18,5 stoßen Sie auf einen asphaltieren Weg, der Sie links weiterführt. Folgen Sie nun der Markierung durch die Ortschaft zurück ins Zentrum von Radevormwald. Nach Überquerung der Ampelkreuzung gehen Sie zwischen Bürgerhaus und Volksbank in die Fußgängerzone, wo Sie den Marktplatz erreichen. Hier finden Sie einige bergische Fachwerkhäuser mit den typischen Schieferfassaden, bevor Sie Ihren Ausgangspunkt in der Kottenstraße wieder erreichen.

❷ Wasserweg – Hückeswagen

Tour für Familien

Dieser leichte, familienfreundliche Streifzug startet auf dem Wanderparkplatz am Mühlenweg und führt ohne nennenswerte Höhenunterschiede ausschließlich direkt am Wasser der Wupper-Vorsperre entlang. Aufgrund seiner Beschaffenheit und Länge ist er hervorragend als Wandereinstieg für Familien mit Kindern geeignet. Buggys lassen sich leicht schieben und den Kindern erzählt die Maus aus dem Fernsehen spannende Geschichten rund um das Wasser. Aber auch Erwachsene werden die Natur hier genießen können. Der komplette Weg verläuft abseits von Straßen und macht Lust auf mehr.

Start/Ziel: Hückeswagen, Wanderparkplatz am Mühlenweg/Ecke Ernst-Pflitsch-Straße, GPS N 51°09.327' E 007°20.369'

4,3 km

1 Std. 30 Min.

24 m/24 m

258-267 m

2 (weiße Zahl auf rotem Grund), Wegweiser an allen Abzweigungen

gut begehbare, ebene Wege, siehe Anmerkung zum Landschaftsbild im Wandel – Seite 13

Unterwegs gibt es keine Einkehrmöglichkeit, aber im Zentrum von Hückeswagen gibt es mehrere Möglichkeiten.

alle paar Hundert Meter Rastbänke, teilweise mit Abfalleimern, überdachte Rastanlage mit Blick auf die Vorsperre (km 1,9)

Es handelt sich um einen „Mausweg". Die Infotafeln entlang des Weges gehen besonders auf Kinder im Grundschulalter ein.

Der Weg ist fast steigungsfrei und führt hauptsächlich über einen Wirtschaftsweg, eignet sich somit hervorragend für die Mitnahme eines Buggys.

Der Weg führt komplett am Ufer der Wupper-Vorsperre entlang und bietet immer wieder direkte Zugangsmöglichkeiten zum Wasser.

P Der Parkplatz im Start-/Zielbereich ist ein ausgewiesener, kostenfreier Wanderparkplatz, Mühlenweg/Ecke Ernst-Pflitsch-Straße, 42499 Hückeswagen.

Von Köln Hbf mit Zug RB25 bis Marienheide, von dort mit der Buslinie 336 Richtung Lennep bis Hückeswagen, Haltestelle „Bahnhofstraße". Der Fußweg von hier aus zum Startpunkt ist nur wenige Hundert Meter lang. Sie gehen stadtauswärts über die Raderstraße bis zum nächsten Kreisverkehr und folgen im Kreisverkehr dem Mühlenweg bis zum Wanderparkplatz.

☺ Diese Tour verläuft durch mehr oder weniger flaches Gelände ohne nennenswerte Höhenunterschiede. Dewegen wurde hier auf die Darstellung eines Höhenprofils verzichtet.

Sie starten vom Wanderparkplatz am Mühlenweg, wo Sie die Maus aus dem Fernsehen direkt auf der ersten Infotafel willkommen heißt und Lust auf diesen Streifzug macht.

Uferweg der Wupper-Vorsperre

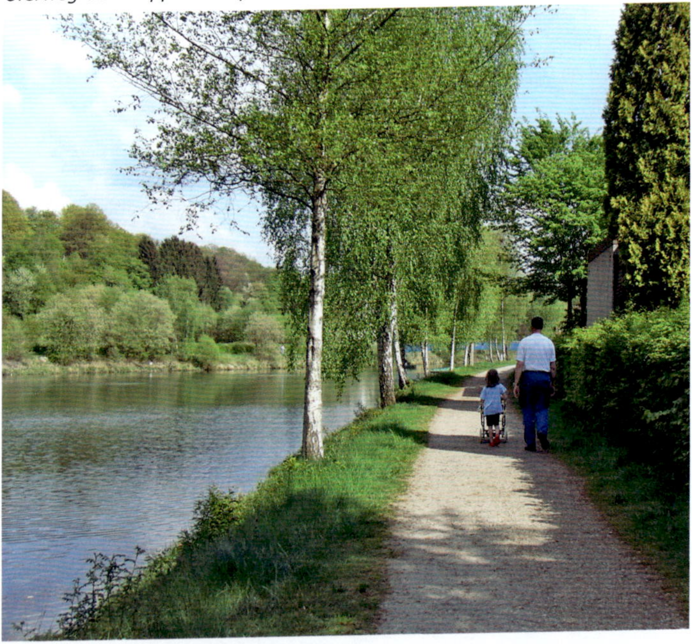

Die Wupper-Vorsperre in Hückeswagen wurde bereits in den 1970er-Jahren als erste der Vorsperren für die Wupper-Talsperre gebaut. Es dauerte dann aber noch bis Mitte der 1980er-Jahre, bevor der Staudamm in Radevormwald und das Hauptbecken fertiggestellt waren. Die Wupper-Talsperre fasst ca. 26 Mio. m³ Wasser und ist heute die zweitgrößte Talsperre des Wupperverbandes.

Wasser hat für das Bergische Land eine besondere Bedeutung, unter anderem weil es hier aufgrund der geografischen Lage öfter regnet als in anderen Regionen. Die Not wurde zur Tugend gemacht und schon im Mittelalter wurde die Wasserkraft eifrig genutzt. Viele alte Mühlen zeugen von dieser Vergangenheit.

Folgen Sie nun der Wegmarkierung und wandern Sie entlang des linken Ufers, wo Sie an der ersten ⩚ Rastbank gute Chancen haben, Schwäne, Blesshühner und Stockenten zu beobachten. Nach wenigen Hundert Metern haben Sie die Siedlung bereits hinter sich gelassen, von nun an wird der Weg von Bergischen Höhen flankiert. Waldige Abschnitte und von Flechten und Moosen bewachsene Felsformationen aus Tonschiefer wechseln sich ab. Gönnen Sie sich eine Pause an einer der ⩚ Rastbänke mit Blick auf den Stausee. Die idyllische Ruhe, die der Ort ausstrahlt, spricht für sich. Im weiteren Verlauf des Weges passieren Sie noch einige weitere ⩚ Rastbänke.

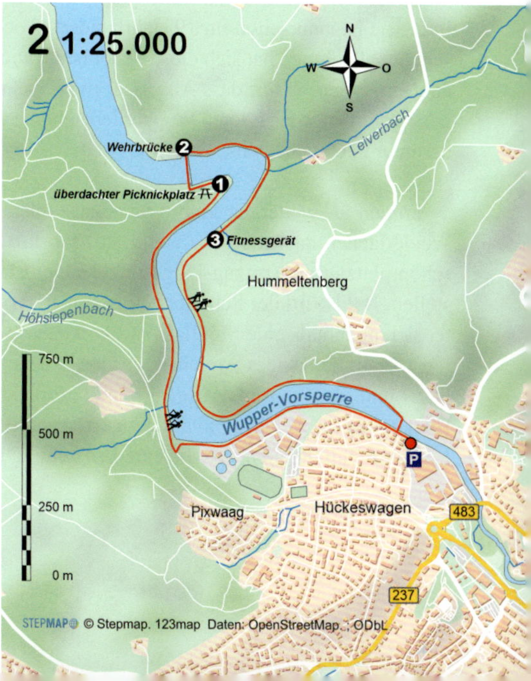

Mal plätschert ein kleines Bächlein den Berg herunter, mal öffnet sich wieder ein neuer Blick auf das Wasser. Die Uferwindungen bieten Ihnen häufig wechselnde Perspektiven. Kurz vor der Hälfte der Strecke erreichen Sie einen überdachten ⩩ Picknickplatz ❶ (km 1,9). Hier befindet sich auch eine Ein- und Ausstiegsstelle für Kanus, sodass das Ufer leicht zu erreichen ist. Dies ist besonders für Kinder interessant. So können Sie bei entsprechender Witterung mal die Füße im Wasser erfrischen.

Nun folgen Sie dem Weg rechts über die Wehrbrücke ❷. Wenn die Wupper-Talsperre gut gefüllt ist, ist der Überlauf der Vorsperre unterhalb der Wehrbrücke nicht mehr sichtbar. Rechts hinter der Brücke laden weitere ⩩ Rastbänke mit herrlichem Blick auf den See zum Verweilen ein. An einem Fels in Ihrem Rücken regt eine Kunstinstallation zum Nachdenken an.

Diese Idylle genießend ist es schwer zu glauben, dass die Wupper noch vor etwa vierzig Jahren ein toter Fluss war. Die Verschmutzung durch die Industrie begann schon im 19. Jahrhundert. Doch durch zahlreiche Naturschutzmaßnahmen hat sich die Wupper heute wieder erholt. Moderne Kläranlagen sorgen dafür, dass Abwässer nicht mehr ungereinigt in den Fluss gelangen. In der einst toten Wupper leben heute wieder über 30 Fischarten, darunter auch der Lachs.

Folgen Sie weiter der Markierung, zur Linken lockern sanft ansteigende Weideflächen das Landschaftsbild auf. Bei km 2,8 können Sie an einem schön platzierten Armzug-Liegestütz-Trainer ❸ Ihre Fitness unter Beweis stellen. Bald wird der Schotterweg zu einem Asphaltweg, kurz darauf bietet sich nochmals eine Möglichkeit, direkt ans Ufer zu gelangen. Im weiteren Verlauf des Weges erreichen Sie eine Brücke, die Sie wieder ans andere Ufer und damit zum Ausgangspunkt zurückbringt. Im Zentrum von Hückeswagen, welches fußläufig zu erreichen ist, finden Sie verschiedene Einkehrmöglichkeiten, wo Sie eine Erfrischung genießen können.

3 Heimatweg – Wipperfürth

Tour für Naturliebhaber und Familien

Dieser mittelschwere, familienfreundliche Wanderweg startet auf dem Marktplatz von Wipperfürth direkt unter der Statue des Kölner Erzbischofs, der sich Anfang des 13. Jahrhunderts mit dafür einsetzte, dass Wipperfürth die Stadtrechte bekam.

Sie durchqueren den historischen Ortskern und passieren Wälder, Wiesen sowie die Neyetalsperre. Der Weg führt zu großen Teilen über Asphalt, birgt jedoch neben breiten Waldwegen auch einige kürzere Passagen über schmale Wiesenwege und unwegsames Gelände. Sonnige Abschnitte sind häufiger, es gibt jedoch auch schattige Waldpassagen. Unterwegs erhalten Sie auf sieben Infotafeln Einblicke in die bergischen Besonderheiten der übrigen 23 Streifzüge.

Start/Ziel: Wipperfürth, Marktplatz, GPS N 51°07.016' E 007°23.883'

11,1 km

3 Std.

197 m/197 m

274-344 m

3 (weiße Zahl auf rotem Grund), Wegweiser an allen Abzweigungen

größtenteils gut befestigte Wege, kürzere Passage über Wiesenwege und unwegsames Gelände, siehe Anmerkung zum Landschaftsbild im Wandel – Seite 13

Rastbänke in regelmäßigen Abständen entlang des ganzen Weges, Rastbank mit Weitblick (km 3,9), Rastbank mit Blick auf die Talsperre (km 4,6), Rastbank mit Kinderspielplatz (km 9,6)

Unterwegs gibt es keine Einkehrmöglichkeit, dafür aber verschiedene Gaststätten im Ortskern von Wipperfürth.

Der Weg bietet viel Abwechslung, gegen Ende passiert man noch einen Kinderspielplatz.

Es gibt einige kürzere Passagen über Wiesenwege und durch etwas unwegsames Gelände, sodass ein geländetauglicher Buggy angeraten ist.

Der Untergrund besteht hauptsächlich aus Asphalt und Schotter, es gibt jedoch häufig Grünstreifen neben den Wegen.

P Kostenfreie Parkplätze an der Ohler Wiesen, Wupperstraße, unweit der Wupper. Der Streifzug führt an diesem Parkplatz vorbei (Infotafel C). Auf direktem Weg ist er nur wenige Hundert Meter vom Start am Marktplatz entfernt.

Von Köln Hbf mit der S-Bahn S11 bis Bergisch Gladbach und von dort weiter mit der Buslinie 426 bis Wipperfürth Busbahnhof. Vom Busbahnhof zum Marktplatz benötigen Sie zu Fuß nur wenige Minuten.

Vom Startpunkt an der Marktplatzecke neben der ersten Infotafel führt der Weg treppauf.

Durch einen kleinen Umweg links über die Straße können Sie die Stufen umgehen, wenn Sie einen Buggy mitführen.

Folgen Sie der Markierung (weiße 3 auf rotem Grund) und steigen Sie durch die historischen Gassen mit ihren verschieferten Fachwerkhäusern hinauf zum Klosterplatz.

Wipperfürth ist die älteste Stadt des Bergischen Landes und blickt auf eine bewegte Geschichte zurück. Dort, wo sich heute der Stadtkern erstreckt, war einst eine Wipperfurt, d. h. eine flachere Stelle im Fluss. Dies machte die Stadt in der damaligen Zeit zum Verkehrsknotenpunkt und gab ihr ihren Namen. Doch die Siedlung, die bis ins 12. Jahrhundert zurückreicht, musste eine große Zahl an Stadtbränden überstehen. Ein kleiner Überrest der Stadtmauer, die nach dem letzten Großbrand 1795 weichen musste, ist heute noch auf der Ringstraße zu sehen.

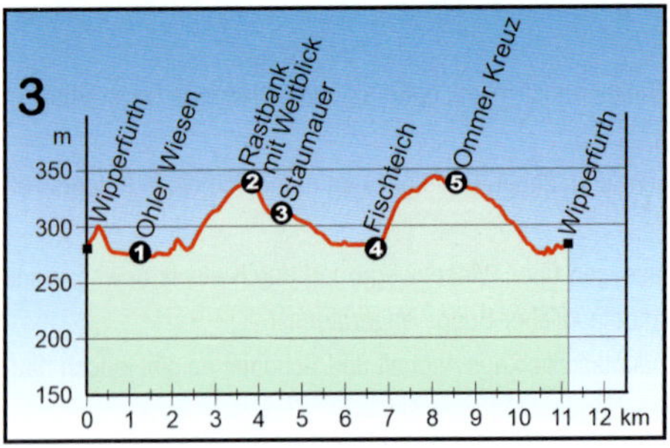

Auf Ihrem Weg wird Sie das Bergische Heimatlied, eine Hommage an das Bergische Land, begleiten. Die einzelnen Strophen des Liedes sind auf den Infotafeln unterwegs vermerkt.

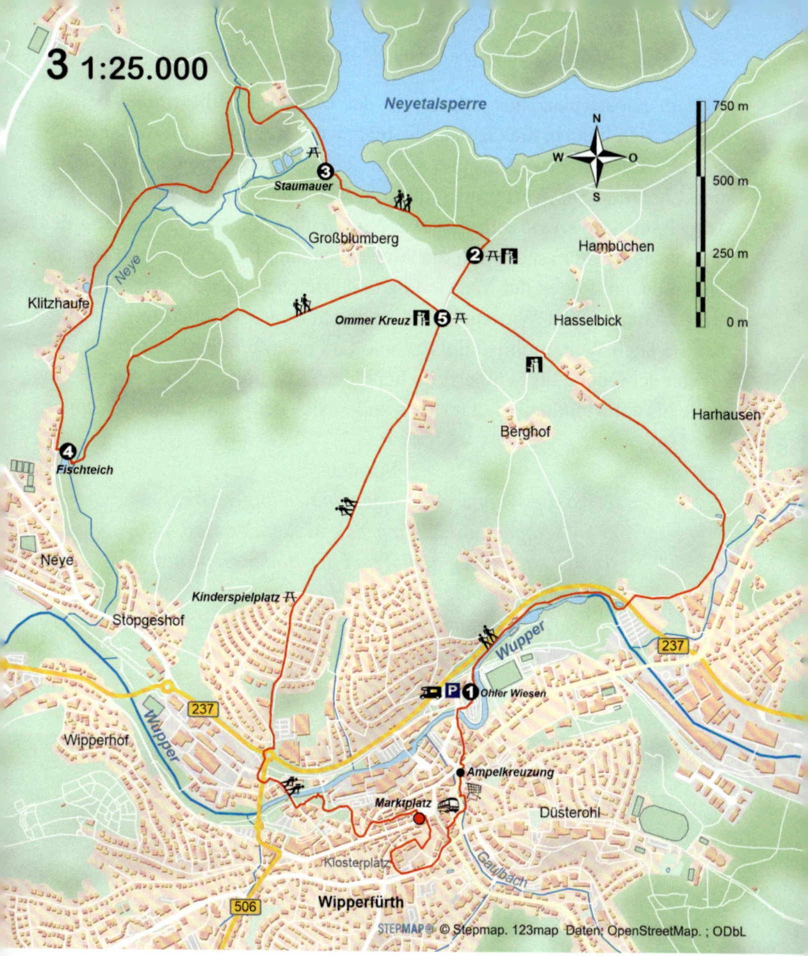

1. Strophe:

„Wo die Wälder noch rauschen, die Nachtigall singt,
die Berge hoch ragen, der Amboss erklingt,
wo die Quelle noch rinnet aus moosigem Stein,
die Bächlein noch murmeln im blumigen Hain.
Wo im Schatten der Eiche die Wiege mir stand,
da ist meine Heimat, mein Bergisches Land.“

Vom Klosterplatz aus folgen Sie der Markierung die Straße bergab, wenden sich links in die Gaulstraße, biegen nur wenige Meter weiter rechts in einen Fußgängerweg ab und gehen sechs Stufen hinunter. Am Supermarkt nehmen Sie den Fußweg über den Parkplatz, überqueren dann eine Ampelkreuzung sowie eine Brücke. Nun geht es links weiter entlang des Gaulbachs. Hinter einer weiteren Ampelkreuzung biegen Sie rechts in die Ohlstraße ein, folgen der Markierung und erreichen über die Wupperstraße den Parkplatz Ohler Wiesen ❶ und gelangen so ans Wupperufer. Hier finden Sie auch Wohnmobilstellplätze und 🅿 kostenfreie Parkplätze.

Von der Quelle bis Wipperfürth heißt der Fluss noch Wipper. Von dieser Stelle bis zur Mündung in den Rhein ändert sich der Name dann in Wupper.

2. Strophe:
„Wo die Wupper wild woget auf steinigem Weg,
an Klippen und Klüften sich windet der Steg.
Wo der rauchende Schlot und der Räder Gebraus,
die flammende Esse, der Hämmer Gesaus
verkünden und rühmen die fleißige Hand,
da ist meine Heimat, mein Bergisches Land."

Staumauer der Neyetalsperre

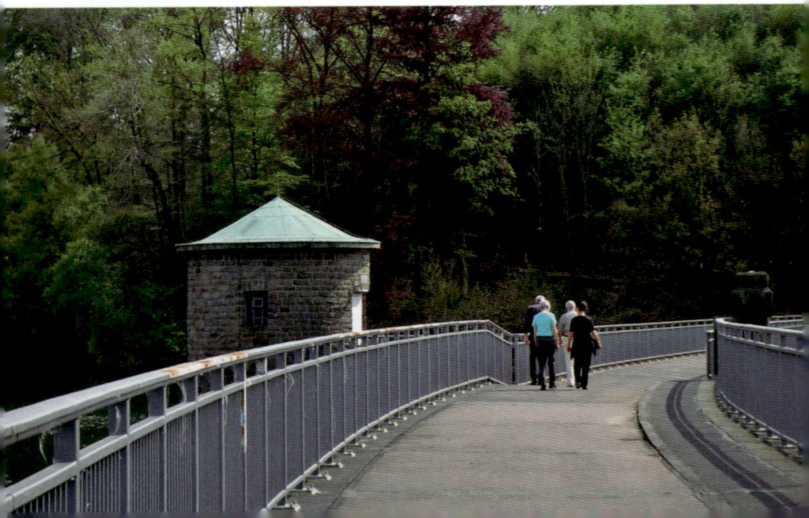

Folgen Sie der Markierung entlang des Wupperufers. ⛼ Bänke laden immer wieder zur Rast ein.

Idyllisch gelegene Bänke laden zur Rast ein

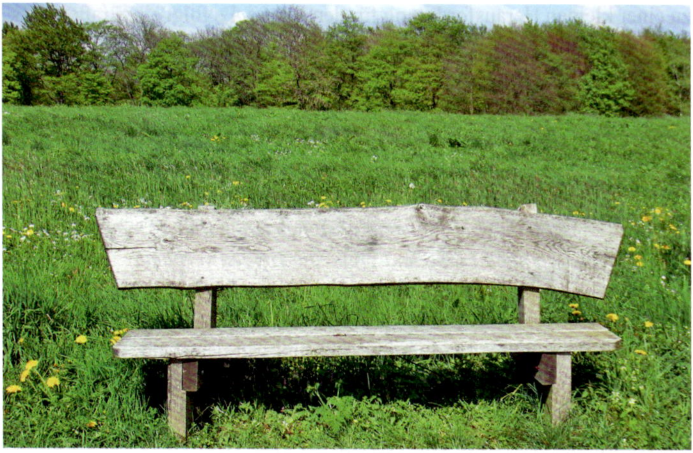

Spannend ist auch die Entstehung so mancher bergischer Redensart. So meint man heute mit „über die Wupper gehen" umgangssprachlich „sterben". Der Ursprung hierfür liegt in Wuppertal, wo Friedhof und Gericht auf der anderen Flussseite lagen. Also musste, wer starb oder insolvent war, „über die Wupper gehen".

An der Infotafel D (km 1,9) haben Sie eine letzte Möglichkeit zur Rast am ⛼ Wupperufer, bevor der Weg nun nach links vom Ufer wegführt.

3. Strophe:

„Wo die Schwerter man schmiedet dem Lande zur Wehr,
wo's singet und klinget dem Höchsten zur Ehr,
wo das Echo der Lieder am Felsen sich bricht,
der Finke laut schmettert im sonnigen Licht,
wo der Handschlag noch gilt als das heiligste Pfand,
da ist meine Heimat, mein Bergisches Land."

④ Obstweg – Leichlingen

Tour für Naturliebhaber und Familien

Sie beginnen Ihre Tour im historischen Ortskern von Leichlingen. Der Weg führt Sie durch Ortschaften, Wälder und vorbei an herrlichen Streuobstwiesen. Das zentrale Thema ist der Apfel und seine überraschende Geschichte auf dem Weg in unsere Heimat, die auf verschiedenen Infotafeln entlang des Weges mit interessanten Anekdoten begleitet wird. Für die wanderfreudigen Kleinen gibt es spannende Geschichten rund um die Frucht von der Maus aus dem Fernsehen, u. a. das Märchen „Schneewittchen" über die Audiostation an einer Infotafel. Der Weg führt hauptsächlich über Asphalt und breite Wirtschaftswege, birgt jedoch auch einige kürzere Passagen auf schmalen Waldwegen mit steilen Anstiegen. Sonnige und schattige Abschnitte wechseln sich ab.

Start/Ziel: Leichlingen, Ecke Marktstraße/Mittelstraße, GPS N 51°06.458' E 007°00.789'

5,8 km (mit Abstecher über den Obstweg ca. 9 km)

1 Std. 30 Min. bis 2 Std. (mit Abstecher entsprechend länger)

132 m/132 m

58-145 m

4 (weiße Zahl auf rotem Grund), Wegweiser an allen Abzweigungen; Abstecher über den Obstweg: weißer Apfel auf schwarzem Grund

Hauptsächlich gut begehbare Wirtschaftswege und asphaltierte Strecken, kurze steile, unwegsame Passagen

Unterwegs sind keine Einkehrmöglichkeiten vorhanden, es gibt aber verschiedene Gaststätten im Ortskern von Leichlingen.

Rastbank mit schönem Talblick (km 2,1), Rastbank mit Abfalleimer (km 4,9)

Es handelt sich um einen „Mausweg". Die Infotafeln entlang des Weges gehen besonders auf Kinder im Grundschulalter ein.

Es gibt einige kürzere Passagen mit schmalen Waldwegen und steilen Anstiegen, sodass das Mitführen eines Buggys nicht angeraten ist.

Unterwegs gibt es eine Wasserstelle (bei km 2,5 – Querung eines Bächleins). Der Untergrund besteht hauptsächlich aus Asphalt und Schotter, jedoch sind häufig Grünstreifen neben den Wegen vorhanden.

P Circa 300 m vom Start-/Zielbereich entfernt stadtauswärts Richtung Solingen finden Sie kostenfreie Parkplätze.

Von Köln Hbf oder Wuppertal Hbf erreichen Sie Leichlingen mit dem Zug RB48, der ca. halbstündlich verkehrt. Vom Bahnhof Leichlingen aus gehen Sie Richtung Innenstadt, überqueren die Wupper und erreichen den Startpunkt nach ca. 1 km.

Sie starten an der Ecke Marktstraße/Mittelstraße entlang des historischen Verkehrsweges, dessen Geschichte bis ins 10. Jahrhundert zurückreicht, und folgen nun der Wegmarkierung (weiße 4 auf rotem Grund). Im Startbereich erwartet Sie eine erste Infotafel zu diesem Bergischen Streifzug.

Markierung auf dem Obstweg, © Maren Pussak

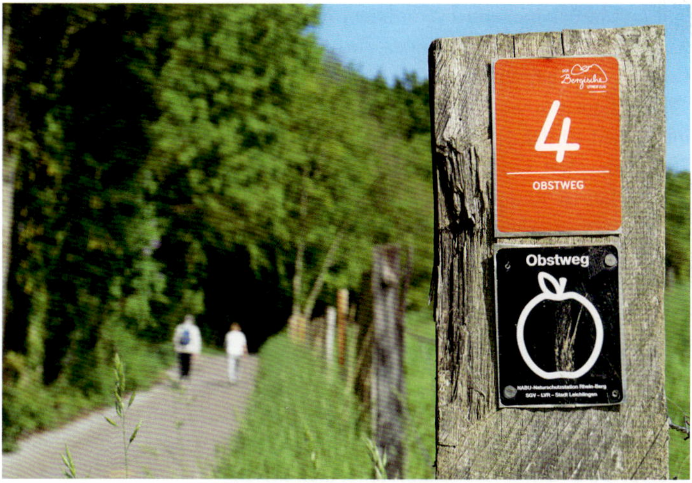

Leichlingen war bis Ende des 19. Jahrhunderts eine Streusiedlung. Obwohl bereits im Jahr 1856 die Stadtrechte verliehen wurden, hielt sich der Begriff „Dorf“ in der Bevölkerung und man spricht heute noch vom „Dorf“ und nicht von der Stadt. Die historischen Gebäude aus dem 16. bis 19. Jahrhundert sind zumeist verschieferte ein- bis zweigeschossige Fachwerkhäuser.

Kurz vor dem Ortsausgangsschild „In der Meffert“ biegen Sie rechts auf einen schmalen Pfad in den Wald ab, gehen sofort wieder rechts und bewältigen einen steilen Anstieg. Auf der Anhöhe wenden Sie sich nach links, bevor Sie rechts aus dem Wald austreten und einem Wirtschaftsweg folgen. Nun passieren Sie Streuobstwiesen, die einen wichtigen Lebensraum für bedrohte Tierarten bieten. Auf einem einzigen Apfelbaum können mehr als 1.000 wirbellose Arten leben. Gleichzeitig bieten diese Obstwiesen eine wichtige Nahrungsstätte für die Bienen. Entlang der Wiesen wird auf anschaulichen Tafeln die Geschichte des Apfels erläutert.

Vermutlich liegt der Ursprung des Apfels im heutigen Kasachstan. Die Römer haben dann den Obstanbau in Europa kultiviert. Durch den Zerfall des Römischen Reiches wurde die Verbreitung des Obstbaus unterbrochen und erst in der Landgüterverordnung Karls des Großen sind wieder Aufzeichnungen hierüber zu finden. In den während der Christianisierung Europas neu gegründeten Klöstern wurden Obstgärten angelegt. Diese Gärten dienten sowohl dem Landadel als auch den Bauern als Vorbild. Erst im 18. und 19. Jahrhundert entstanden Obstwiesen in freier Landschaft. Im 19. Jahrhundert war die Sortenvielfalt am größten, dann wurden in den 1960er-Jahren Rodungsprämien gezahlt, da Obstplantagen mit einheitlichen Apfelsorten mehr Profit versprachen. Zwangsläufig verringerte sich das Angebot im Handel. Inzwischen wird den alten Sorten wieder mehr Aufmerksamkeit geschenkt, die überalteten Baumbestände werden verjüngt und somit werden Obst- und Geschmacksvielfalt erhalten.

Sie folgen der Markierung weiter durch eine kleine Ansiedlung und biegen im Ort rechts in einen Fußgängerweg ab, der Sie für eine kurze Passage über eine Straße ohne Gehweg führt, bevor Sie links wieder in die Siedlung abbiegen und diese kurz darauf hinter sich lassen.

Nach knapp 2 km bietet sich eine erste Rastmöglichkeit, wo Sie einen schönen Talblick ❶ genießen können. Kurz danach nehmen Sie an der Weggabelung die rechte Abzweigung, die entsprechende Markierung ist etwas zurückversetzt angebracht. Weitere Informationen zum Apfel als Heilpflanze und zur Entstehung eines Apfelbaumes warten am Wegesrand.

Im kommenden Waldstück überqueren Sie einen kleinen Bach, der eine willkommene Trinkpause für die Vierbeiner bietet.

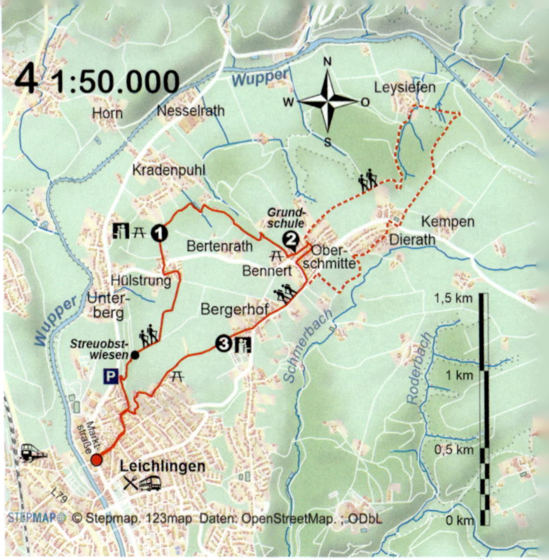

Bei km 3 begeben Sie sich nach rechts auf einen geteerten Wirtschaftsweg. Schon bald erreichen Sie den Ortseingang von Bennert. Kurz dahinter zweigt ein schmaler Weg links ab, hier ist die Markierung etwas versteckt angebracht. Vorbei an der Grundschule ❷, an der Sie eine weitere Infotafel finden, führt der Weg auf einer Straße weiter durch den Ort. Dieser folgen Sie der Markierung entsprechend nach rechts.

Wenn Sie sich hier (km 3,4) nach links wenden, können Sie den Streifzug 4 vorübergehend verlassen und für eine Routenerweiterung dem Symbol „weißer Apfel auf schwarzem Grund" folgen. So erhalten Sie die Gelegenheit, noch mehr Natur zu genießen und weitere kleine Ortschaften zu passieren. Nach ca. 3 km stoßen Sie dann wieder auf die eigentliche Route. Diese Variante verlängert die Wanderung auf insgesamt ca. 9 km.

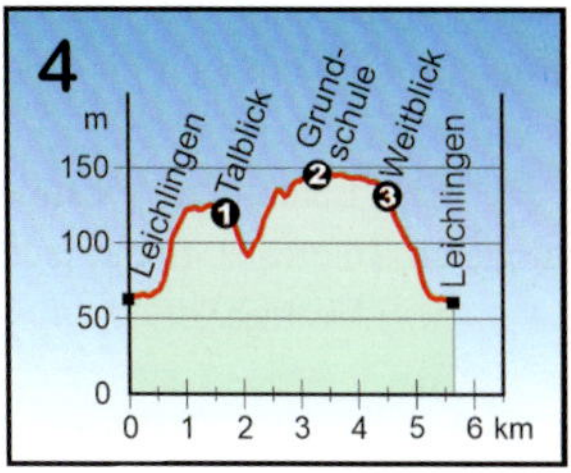

Nach dem Ortsausgang (hier vereinen sich die beiden Wege wieder) führt der Streifzug parallel zur Straße über einen breiten Fußweg durch die Ortschaft Bergerhof. Beim Verlassen der Ortschaft bietet sich bei klarem Wetter ein grandioser Weitblick ❸ bis über Köln hinaus, bevor es dann auf einer verkehrsarmen Straße bergab geht. Hier wartet wiederum eine Rastbank (km 4,8) mit Abfalleimer auf Sie. Im weiteren Verlauf passieren Sie noch einmal Streuobstwiesen mit altem Baumbestand.

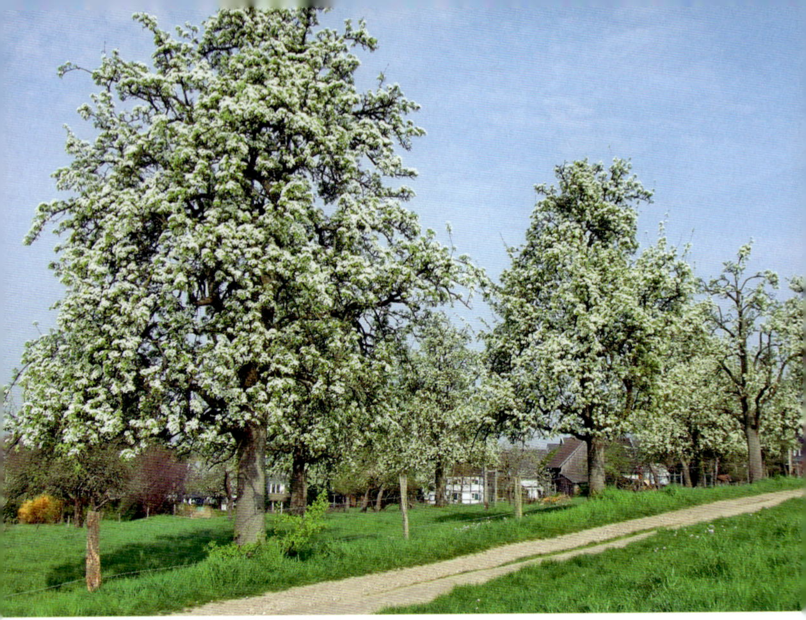

Blühende Obstbäume

Gerade zur Blütezeit im Frühjahr ist dies ein besonders lohnenswerter Anblick.

Im Ort biegen Sie in einer Linkskurve der Straße (km 5,2) nach rechts in eine Sackgasse ab und folgen dem Weg vorbei an alten Fachwerkhäusern bergab wieder in den Ortskern von Leichlingen und schließen bald den Kreis, bevor es die letzten Meter auf demselben Weg zurückgeht, auf dem Sie gestartet sind. Im Leichlinger Stadtzentrum finden Sie verschiedene Einkehrmöglichkeiten für jeden Geschmack.

☺ Der Leichlinger Obstmarkt, eine beliebte Veranstaltung von überregionalem Interesse, findet jedes Jahr im Herbst statt.

💻 www.leichlingen.de

⑤ Eifgenbachweg – Wermelskirchen/ Burscheid

Tour für Naturliebhaber

Wildgänse in den Auenwiesen

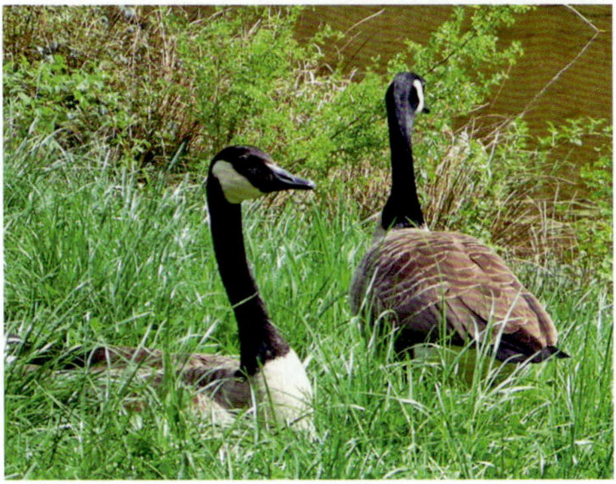

Das kaum besiedelte, als Naturschutzgebiet ausgewiesene Eifgenbachtal gehört zu den wertvollsten Biotopen des Bergischen Landes. Der Weg führt größtenteils am Eifgenbach entlang, einem Zufluss der Dhünn, und bietet vielfältige Naturerlebnisse. Unterwegs gibt es Einkehrmöglichkeiten in alten Mühlen, die heute als Gastronomiebetriebe genutzt werden. Sie durchschreiten Wälder, streifen Auenwiesen, queren immer wieder Bachläufe und können sich ganz der Natur hingeben. Die schattigen Abschnitte dominieren, doch es gibt auch sonnige Passagen. Bei schlechter Witterung kann es matschig werden.

→ Start: Parkplatz Reisegarten Eifgen/Wermelskirchen, GPS N 51°08.091' E 007°13.758';
Ziel: Parkplatz Reisegarten Schöllerhof/Odenthal, GPS N 51°03.835' E 007°08.505'

⊃ 14,1 km

⌛ 4 Std.

↑↓ 196 m/319 m

⇧ 111-239 m

✎ 5 (weiße Zahl auf rotem Grund), Wegweiser an allen Abzweigungen

hauptsächlich naturbelassene Waldwege, ☝ siehe Anmerkung zum Landschaftsbild im Wandel – ☞ Seite 13

ca. 30 Rastbänke verteilt über die gesamte Wegstrecke, Picknickplatz (km 4,6), Schutzhütten (km 6 und km 8), Picknickplatz (km 8 und km 12,8)

Neuemühle (km 4,2), Rausmühle (km 6,9)

Der Weg führt hauptsächlich durch den Wald und über viele Bäche. Sie überqueren nur wenige Male eine Landstraße, wo erhöhte Aufmerksamkeit empfohlen wird. Aufgrund der Länge ist die Tour allerdings nur bedingt für Kinder geeignet.

Es gibt Passagen mit schmalen Waldwegen, unwegsamem Gelände und steilen Anstiegen und es müssen Stufen überwunden werden, sodass das Mitführen eines Buggys nicht angeraten ist.

Der Weg verläuft permanent in Bachnähe, sodass es immer wieder Möglichkeiten zum Trinken für die Hunde gibt. Allerdings bewegen Sie sich durchgängig in einem Naturschutzgebiet, sodass Anleinpflicht besteht.

P Die Parkplätze Reisegarten Eifgen im Start- sowie Schöllerhof im Zielbereich sind als kostenfreie Wanderparkplätze ausgewiesen.

Von „Köln Hbf/Breslauer Platz" mit der Buslinie 260 bis „Wermelskirchen Markt", von dort fährt von März bis November der Bergische WanderBus an allen Wochenenden und Feiertagen (Linie 267, > Reise-Infos) zum Start- und auch zum Zielbereich.

Der Eifgenbach ist ein naturnaher Mittelgebirgsbach. Er diente jedoch lange als Energiequelle für die Mühlen, deren Geschichte bis ins 14. Jahrhundert zurückreicht und die Sie unterwegs kennenlernen werden. Vom Parkplatz Reisegarten Eifgen aus überqueren Sie die Holzbrücke und treten in den Wald ein. Dort wenden Sie sich nach rechts und folgen der Markierung und dem Bachlauf. Auf gewundenen Pfaden können Sie die idyllische Natur genießen. Unterwegs laden immer wieder Rastbänke zum Verweilen ein. Nach ca. 1,2 km überqueren Sie eine Holzbrücke über einen Bachzulauf (Siefen), bevor Sie eine kurze verblockte Passage meistern und über zehn Stufen abwärts die Berger Mühle ❶, das erste historische Gebäude auf der rechten Seite, erreichen.

⌘ Die Berger Mühle ist eines der ältesten noch erhaltenen Fachwerkgebäude im Bergischen Land. Die Mühle wurde 1654 von Peter Molineus erbaut. Er war Kaufmann, Müller und für einige Jahre auch kaiserlicher Notar und Gerichtsschreiber der Stadt Lennep. In den 1930er-Jahren wurde die ehemalige Fruchtmühle zum Wohnhaus umgebaut.

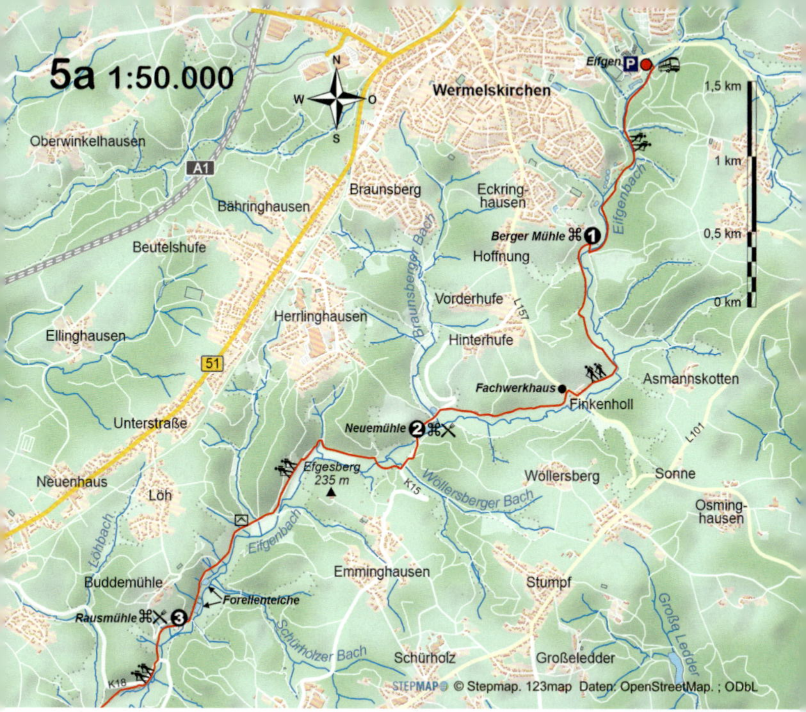

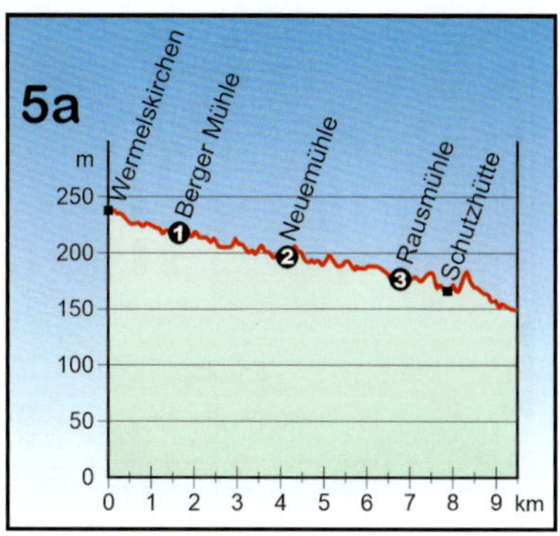

Unmittelbar vor der Mühle biegen Sie links in einen schmalen Weg ab. Schon bald passieren Sie weitere ⩚ Rastbänke, wahlweise mit Aussicht auf die Auenlandschaft oder mit herrlichem Talblick. Nach der ersten Straßenüberquerung (km 2,95) folgen Sie der etwas versteckt angebrachten Markierung für ca. 50 m die Straße bergan und biegen dann links vor dem Fachwerkhaus wieder in die Natur ab. Nun können Sie das weite Wiesental genießen. Schon bald treffen Sie auf die erste ✕ Einkehrmöglichkeit (km 4,2), das Restaurant Neuemühle ❷.

⌘ Die Mühle wurde 1826 erbaut und bis 1912 als Kornmühle mit angeschlossener Bäckerei betrieben. Seit 1912 gibt es den Gasthausbetrieb. Der Mahlbetrieb wurde inzwischen zwar eingestellt, es sind jedoch noch das Wasserrad und der Mahlantrieb in den Gasträumen zu sehen. Einmal im Monat wird in einem wieder instand gesetzten alten Backofen Kartoffelbrot gebacken, dazu gibt es geräucherte Forellen. Bekannt ist das Restaurant besonders wegen der zahlreichen Kartoffelgerichte. Außerdem finden Sie natürlich bergische Spezialitäten im Angebot. Wanderer und Kinder sind herzlich willkommen.

Restaurant Neuemühle, Neuemühle 1, 42929 Wermelskirchen, ☏ 021 96/882 96 64, info@restaurant-neuemuehle.de, www.restaurant-neuemuehle.de, Do u. Fr ab 16:00, Sa u. So ab 12:00, Mo-Mi Ruhetag

Rausmühle

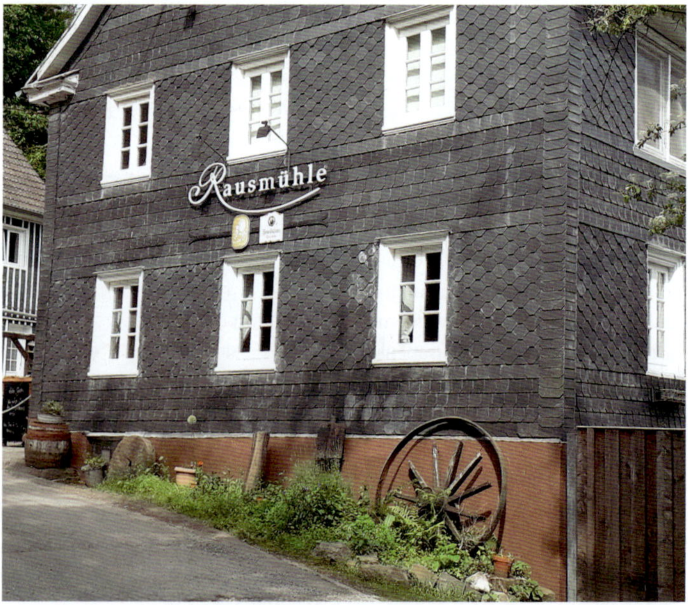

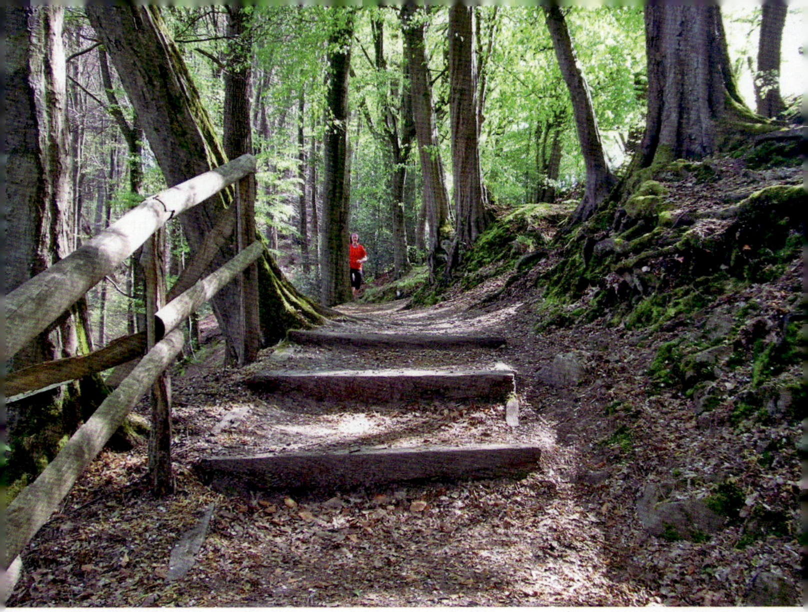

Unterwegs im Wald

Gute 100 m weiter geht es links hoch in den Wald über einen schmalen Pfad, der kurzzeitig oberhalb der Straße verläuft, bevor Sie nochmals die Straße queren und rechts wieder in den Wald eintreten. Nun geht es über zum Teil holprige Wege mal rechts, mal links des Bachufers, immer wieder finden Sie herrliche Rastmöglichkeiten am Wegesrand. Bei km 5,85 halten Sie sich nach der ⛼ Rastbank rechts – die Markierung ist etwas missverständlich – und passieren eine ⌂ Schutzhütte (km 6). Der Weg wird breiter, führt an Forellenteichen vorbei und zur nächsten ✕ Einkehrmöglichkeit, die Rausmühle ❸.

⌘ Auch die Rausmühle blickt auf eine lange Geschichte bis ins 15. Jahrhundert zurück. In den 1960er-Jahren wurde der Mühlenbetrieb endgültig eingestellt, seitdem wird ein bei Wanderern beliebter Restaurantbetrieb mit Außengastronomie aufrechterhalten.

✕ Café Restaurant Rausmühle, Rausmühle 1, 42929 Wermelskirchen, ☏ 021 93/813, 💻 www.rausmuehle.de, 🚪 Mi-Fr 17:00-22:00, Sa u. So 12:00-22:00, Mo u. Di Ruhetag

Es rankt sich eine Sage um die Rausmühle: „Die Sage vom goldenen Brei“. Man erzählt sich, dass einst im Eifgenbachtal ein Zwergenvolk beheimatet war, das den Bewohnern des Tales bei ihrer täglichen Arbeit half, sodass niemand Not leiden musste. Die Wichte ließen ihr Korn in der Rausmühle mahlen und es trug sich zu, dass ihr Kochtopf nicht mehr zu gebrauchen war, und so fragten sie die Müllerin, ob sie einen Topf ausleihen könnten, damit sie keinen Hunger leiden müssten. Die gute Frau gab den Zwergen ihren besten Topf.

Als sie den Topf nach ein paar Tagen von den Zwergen zurückbekam, stellte sie verwundert fest, dass dieser noch frisch gekochten Brei enthielt. Der Topf war so groß gewesen, dass die Zwerge nicht alles hatten aufessen können. Die kleinen Wichte bedankten sich bei der Müllerin und verschwanden wieder im Wald. Just in dem Moment verwandelte sich der restliche Brei in pures Gold und bescherte der Müllerin und ihrer Familie an der Rausmühle über viele Generationen hinweg ein sorgenfreies Leben.

Der Weg führt weiter über den angrenzenden Parkplatz auf einen Wiesenpfad. Dann steht eine weitere Straßenüberquerung an (km 7,3). Auf der gegenüberliegenden Seite folgen Sie der Markierung auf einen schmalen Waldpfad. Am Bechhausener Grund passieren Sie eine weitere Schutzhütte (km 8). Danach halten Sie sich links. Es folgt eine steile Waldpassage, nach der eine Rastbank mit Blick auf das verschlungene Tal lockt.

Schon bald erreichen Sie die nächste Mühle. Bei der dazu notwendigen Straßenquerung (km 9,2) sollten Sie aber vorsichtig sein, da hier leider sehr schnell gefahren wird.

⌘ Die Markusmühle blickt auf eine bewegte, mehr als vierhundertjährige Geschichte zurück. Gleich zu Anfang wurde mit der benachbarten Rausmühle um Wasser- und Wegerechte gestritten. Über die Jahrhunderte gab es einige Eigentümerwechsel, zu Beginn des 20. Jahrhunderts wurde die Mühle als Schankwirtschaft betrieben und 1937 fiel sie zum ersten Mal den Flammen zum Opfer, wurde aber im Jahr darauf wiederaufgebaut. 1985 gab es einen zweiten verheerenden Brand, der das historische Mühlengebäude auslöschte.

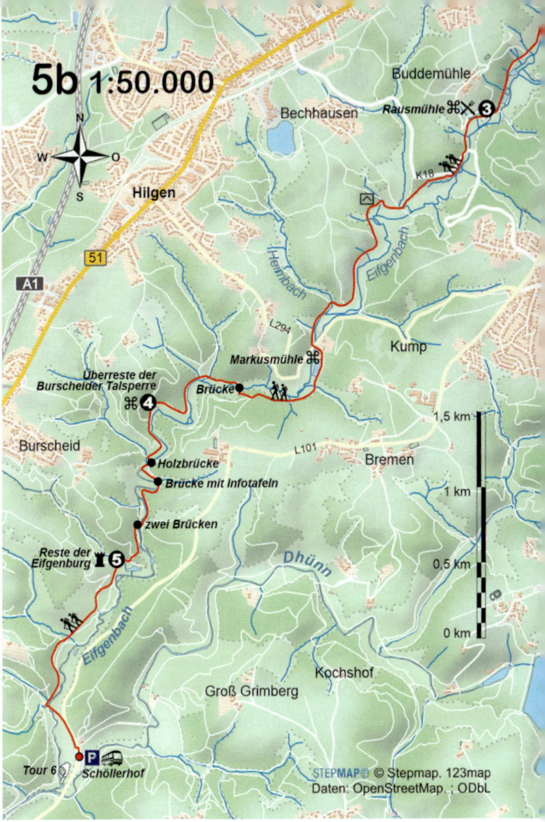

Über einen Wirtschaftsweg entlang der Forellenteiche gelangen Sie schon bald wieder in den Wald. Bei km 10,1 folgen Sie einem schmalen Pfad rechts bergab, bis Sie den Eifgenbach auf einer Brücke überqueren. Weiter geht es bachabwärts, Sie überqueren einen Siefen und wenden sich nach links, wo Sie bald darauf die Überreste der ehemaligen ⌘ Burscheider Talsperre ❹ (km 11,1) erreichen. Von 1906 bis 1964 war die Talsperre in Betrieb, seitdem bezieht Burscheid das Trinkwasser aus der dann errichteten Dhünntalsperre. Inzwischen hat sich die Natur ihr Revier zurückerobert und ein ausgedehntes Feuchtbiotop ist rund um das Arenal der Burscheider Talsperre entstanden.

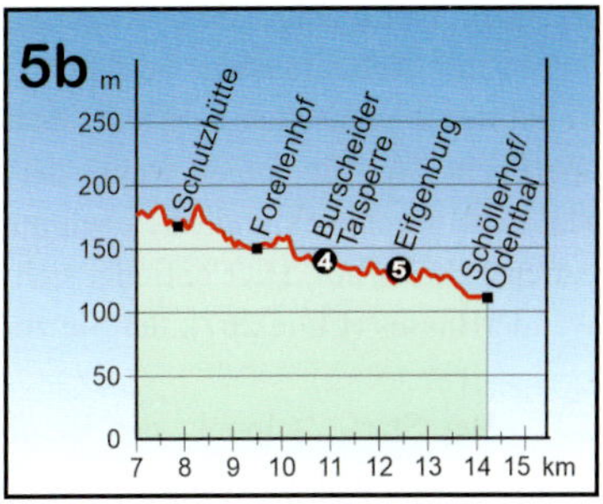

Folgen Sie der Markierung nun über eine Holzbrücke und begleiten Sie den Eifgenbach auf der linken Uferseite.

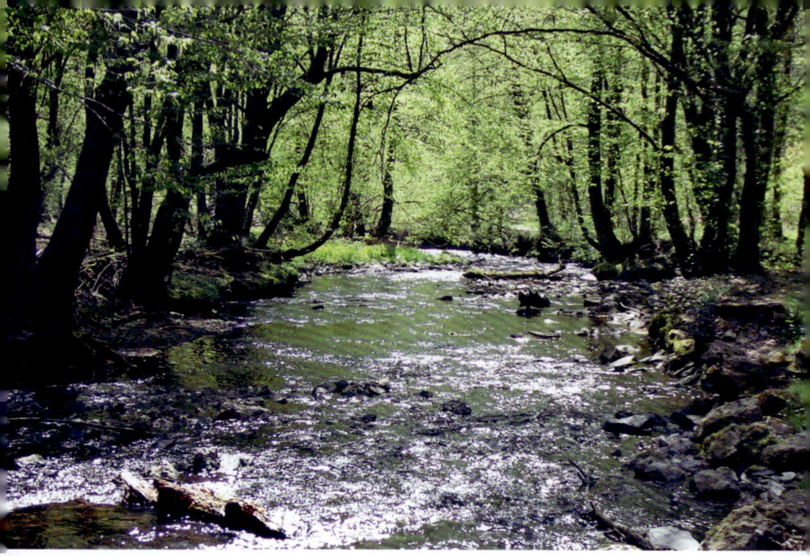

Eifgenbach

Verpassen Sie nicht den Abzweig bergab nach rechts, wo Sie auf eine weitere Brücke treffen (km 12,2). Hier an der Ruine des ehemaligen Hammerwerks Bökershammer erfahren Sie auf verschiedenen Infotafeln Wissenswertes zur Geschichte des bergischen Stahls. Nach der Brücke wenden Sie sich nach links, überwinden bald einen Felssporn, bevor Sie auf ein historisch bedeutendes Bodendenkmal treffen

Die Eifgenburg ❺, Reste einer ringförmigen Verteidigungsanlage aus dem 10. Jahrhundert, ist allerdings nur bei sehr genauem Hinschauen zu erkennen. Nur wenige Meter weiter können Sie auf der rechten Seite einen Felsen mit Wellenmustern bestaunen, ein Hunderte Millionen Jahre altes Relikt des devonischen Urmeers, als diese Region noch unter der Meeresoberfläche lag. Sie folgen weiter der Markierung, überqueren ein letztes Mal den Eifgenbach und erreichen nun das Ziel auf dem Parkplatz Reisegarten Schöllerhof. Hier befindet sich auch die Haltestelle des Bergischen WanderBusses (Linie 267), der Sie zum Ausgangspunkt zurückbringt.

☺ Der Start-/Zielpunkt des Bergischen Streifzuges 6 – Grafen- und Mönchsweg/Odenthal – liegt nur ca. 2 km entfernt Richtung Altenberg.

6 Grafen- und Mönchsweg – Odenthal

Tour für Naturliebhaber und Geschichtsinteressierte

Dieser mittelschwere Wanderweg bietet viel Abwechslung und einige zu bewältigende Höhenmeter. Sie machen einen Zeitsprung ins frühe Mittelalter und lernen die damaligen Lebensumstände der Grafen und Mönche besser kennen. Die Wanderung führt über Waldwege und an Straßen entlang, bietet aber auch schmale und extrem steile Passagen. Sonnige und schattige Abschnitte wechseln sich ab. Odenthal/Altenberg ist ein sehr beliebtes Wochenendausflugsziel. An Werktagen werden Sie es ruhiger vorfinden.

Start/Ziel: Parkplatz Am Rösberg, 51519 Odenthal-Altenberg, GPS N 51°03.214' E 007°07.730'

11,5 km

3 Std. 30 Min.

261 m/261 m

82-195 m

6 (weiße Zahl auf rotem Grund), Wegweiser an allen Abzweigungen

Sie wandern über vielfältige Untergründe. Asphaltstrecken und Kopfsteinpflaster wechseln sich ab mit breiten Waldwegen und schmalen, teilweise sehr steilen, wurzeldurchzogenen Pfaden, siehe Anmerkung zum Landschaftsbild im Wandel – ☞ Seite 13.

Im Start-/Zielbereich befindet sich das Hotel-Restaurant Wißkirchen und am Altenberger Dom finden Sie das Hotel-Restaurant Altenberger Hof (geschlossen) (km 0,5).

Rastbänke finden Sie alle paar Hundert Meter entlang des Weges.

Zum Ende des Rundweges kommt eine extrem steile und rutschige Passage, die sich nur bedingt für Kinder eignet. Hier ist gute Trittsicherheit gefordert. Alternativ nutzen Sie die im Text beschriebene Abkürzung und vermeiden diese Passage.

Es gibt einige Abschnitte mit schmalen Waldwegen und sehr steilen Anstiegen, sodass das Mitführen eines Buggys nicht angeraten ist.

Der Weg verläuft teilweise entlang der Dhünn und bietet so Trinkmöglichkeiten für die Vierbeiner. Allerdings führen auch Teilstrecken an einer viel befahrenen Straße entlang.

P Der Parkplatz Am Rösberg im Start-/Zielbereich ist ein ausgewiesener, kostenfreier Wanderparkplatz.

Von Köln Hbf mit der S-Bahn S6 bis Leverkusen-Mitte und von dort mit der Buslinie 212 nach Altenberg. Die Bushaltestelle „Altenberg" befindet sich in unmittelbarer Nähe zum Wanderparkplatz.

Sie starten an der Infotafel A, die erste Informationen über die Geschichte des Bergischen Landes bereithält. Unter anderem erfahren Sie, dass Sie sich gerade in der „Wiege des Bergischen Landes" befinden. Die Geschichte hierzu führt Sie zurück bis ins 11. Jahrhundert.

Hinter der Infotafel wenden Sie sich nach rechts und folgen der Markierung. Nach einer kurzen Unterführung gelangen Sie links auf einen Kopfsteinpflasterweg, der Sie in einem kleinen Bogen durch das Barockportal zum ✞ Altenberger Dom ❶ führt. Es empfiehlt sich, die Wanderung kurz für eine Dombesichtigung zu unterbrechen.

✞ Der von Wiesen und Wäldern umgebene Altenberger Dom ist eine der schönsten und bedeutendsten gotischen Kirchen Deutschlands. Die heutige Pfarrkirche ist die Kirche der ehemaligen Zisterzienserabtei Altenberg (1133-1803). 1815 fiel sie einem Brand zum Opfer und wurde in den Jahren 1833 bis 1847 wiederaufgebaut. Seit 1857 wird der Altenberger Dom von evangelischen Christen mitbenutzt. Dies haben sie einer Verfügung des preußischen Königs zu verdanken.

i Gleich neben dem Dom finden Sie eine Touristeninformation: i-Punkt Altenberg, Eugen-Heinen-Platz 2, 51519 Odenthal, ☏ 021 74/41 99 50, info@odenthal-altenberg.de, www.odenthal-altenberg.de, saisonabhängig unterschiedliche Öffnungszeiten, freundliches und hilfreiches Personal

✕ Hotel-Restaurant Altenberger Hof, Eugen-Heinen-Platz 7, 51519 Odenthal-Altenberg, ☏ 021 74/49 70, info@altenberger-hof.de, www.altenberger-hof.de, die aktuellen Öffnungszeiten entnehmen Sie bitte der Webseite.

Der Weg führt Sie nun um den Dom herum zu einer kleinen Straßenunterführung, nach der Sie sich nach rechts wenden und für ein kurzes Stück an einer viel befahrenen Straße entlangwandern.

Doch bald biegen Sie nach links in den Wald ein und kommen zu weiteren geschichtsträchtigen Orten.

⌘ Reste der alten Klostermauer und wenig später die Überreste der Burg Berge ❷ aus dem 11. Jahrhundert sind noch zu sehen. Graf Adolf II. von Berg überließ den Zisterziensermönchen im Jahr 1133 die ehemalige Burg Berge, als er in das Schloss Burg umzog. Dazu hatte er ganz weltliche Beweggründe. Sein Bruder Everhard war als Folge des Krieges nach Frankreich gepilgert und schließlich in den Zisterzienserorden eingetreten. Doch Adolf II. wollte diese Trennung nicht ertragen und bewegte so seinen Bruder dazu, zurückzukehren und in seiner Nähe ein neues Kloster zu gründen.

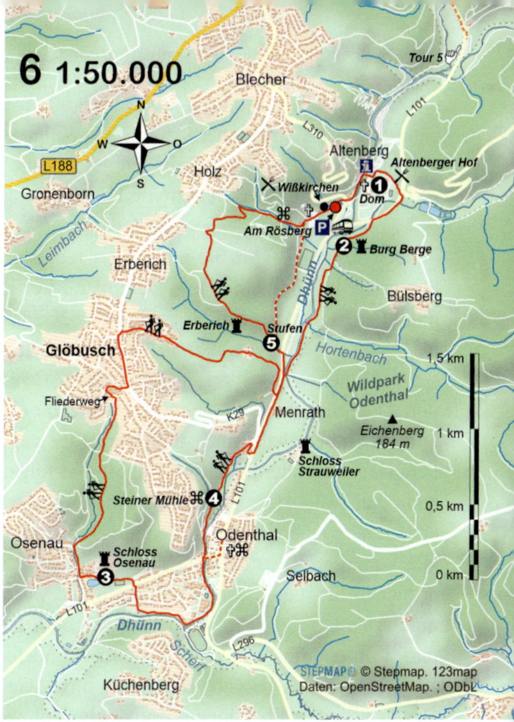

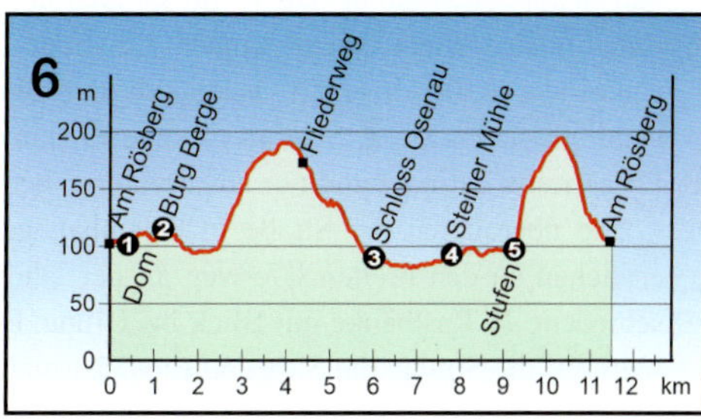

Im weiteren Verlauf des Waldweges stoßen Sie auf einen Zugang zum Wildpark Odenthal (km 1,45). Der Eintritt ist kostenfrei.

☺ ➯ Dieses eingezäunte, 448 Hektar große Waldareal befindet sich im Privatbesitz von Prinz Hubertus zu Sayn-Wittgenstein und bietet ein beinahe 10 km langes Wegenetz. Sie haben gute Chancen, Wildschweine und Rehe zu beobachten, das Mitführen von Hunden ist hier jedoch nicht gestattet.

Der Streifzug führt Sie nun weiter rechts um das eingezäunte Gelände herum an der Dhünn entlang. Bei km 2,3 treffen Sie wieder auf die Straße und können links in einiger Entfernung ♜ Schloss Strauweiler betrachten. Das Schloss befindet sich in Privatbesitz und kann nicht besichtigt werden.

Nun ist etwas Aufmerksamkeit gefragt, denn kurz hinter dem Ortsschild von Odenthal-Menrath überqueren Sie die Straße (die Abzweigung ist leicht zu übersehen) und steigen auf der gegenüberliegenden Seite steil bergan. Sie wandern über ein Gehöft und folgen dem Weg halb links bergan in den Wald. Hier ist keine Markierung angebracht. Der weitere Anstieg erfolgt über einen jahrhundertealten Hohlweg. Auf der Anhöhe erwartet Sie eine sonnige ⩩ Rastbank mit Blick über Wiesen und Wälder. Wenig später erreichen Sie die Ortschaft Glöbusch und werden der Markierung folgend durch den Ort geführt. Bei km 4,5 biegen Sie links in den Fliederweg ein und wandern am Ende der Straße im Wendehammer auf einem schmalen Weg halb rechts bergab. Der Wald birgt wiederum viele geschichtliche Besonderheiten. Sie können weitere alte Hohlwege oder auch die Überreste von historischen Grenzwällen mit Gräben entdecken. Eine Infotafel gibt Ihnen dazu weitere Erläuterungen. Am Ende des Waldweges biegen Sie nach links in die Ortschaft Osenau ab und folgen weiter der Markierung. Dann passieren Sie ♜ Schloss Osenau ❸ (km 6,1), das sich ebenfalls im Privatbesitz befindet und nur aus der Ferne betrachtet werden kann.

Sie überqueren die Straße in Odenthal, gehen weiter geradeaus und erreichen so den breiten Uferweg an der Dhünn. Hier erwarten Sie verschiedene ⩩ Rastbänke mit Blick ins Grüne. Bei km 7,4 treffen Sie nochmals auf die Straße, die Sie geradeaus überqueren.

☺ ➯ Machen Sie an der Straße einen kurzen Abstecher in den historischen Odenthaler Ortskern und entdecken Sie die romanische Pfarrkirche Sankt Pankratius sowie einen überbrodelnden Kupferkessel, den Hexenbrunnen. Dazu wenden Sie sich nach der Straßenüberquerung nach rechts über die Dhünn.

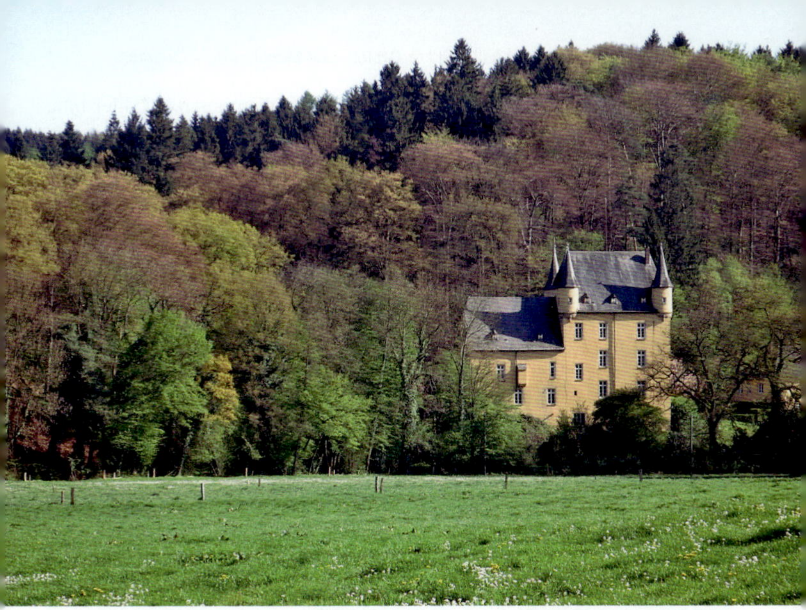

Schloss Strauweiler

Sie folgen am linken Ufer weiter dem Verlauf der Dhünn und treffen auf eine wahre Kuriosität, die Steiner Mühle ❹.

☺ ⌘ Steiner Mühle: Die gesamte Ansiedlung am Mühlenweg gehört zum ursprünglichen Mühlengelände. Die Mühle wird heute als Wohnhaus genutzt. Allerdings gibt es dort auch noch ein privates Mühlenmuseum, in dem maßstabsgetreue Mühlenmodelle, die liebevoll in aufwendiger Handarbeit hergestellt wurden, zu besichtigen sind.

♦ Die Öffnung erfolgt nach Vereinbarung: Günter Blömer, Mühlenweg 7, 51519 Odenthal, ☏ 022 02/798 50.

An dem Mühlenmuseum vorbei erreichen Sie bald eine Straße, gehen Sie nach rechts und nutzen Sie die beiden Überquerungshilfen. Dann wenden Sie sich nach links Richtung Altenberg. Sie wandern nun ein kurzes Stück auf dem Weg, den Sie auf dem Hinweg bereits passiert haben, und befinden sich damit am Mittelpunkt der gedachten Acht Ihres Weges.

Bei km 9,2 müssen Sie nochmals die Straße überqueren (hier bitte Vorsicht, es wird sehr schnell gefahren und der Überquerungspunkt liegt in einer leichten Biegung der Straße). Sie gehen nun für wenige Meter über einen Wiesenweg, bevor links hinter der Rastbank ein schmaler, extrem steiler und rutschiger Weg mit mehr als 30 Stufen 5 bergauf führt.

Wenn Sie sich die steile Passage ersparen möchten, können Sie alternativ auf dem Weg im Tal bleiben und diesem geradeaus folgen. Sie gelangen so wieder auf die Originalstrecke und erreichen dann nach kurzer Zeit den Start-/Zielbereich.

Altenberger Dom

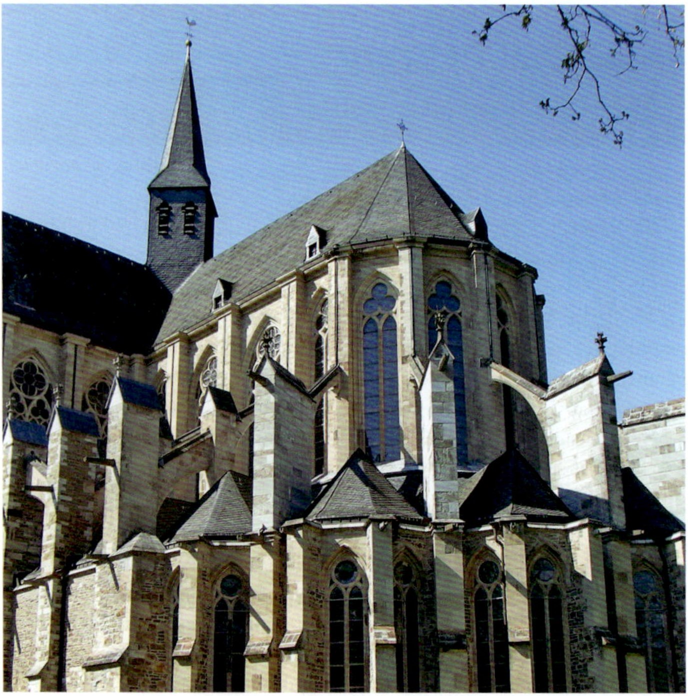

Auf halber Höhe können Sie den Ausblick über das Dhünntal genießen, bevor Sie den weiteren Anstieg in Angriff nehmen. Oben angekommen werden Sie mit weiteren Informationen belohnt. Sie erfahren mehr zur Geschichte der alten Burg Erberich, deren Überreste hier noch zu erahnen sind. Genießen Sie noch etwas die Höhe, bevor es nach einem kurzen Wegstück zwischen Wiesen und Feldern zunächst leicht links und an der Rastbank rechts abgeht. Beim erneuten Eintritt in den Wald biegen Sie links in einen schmalen Waldweg ein, der dann steil bergab führt. Folgen Sie diesem Weg, bis Sie den Wald wieder verlassen (km 11,1) und links eine weitere Attraktion finden.

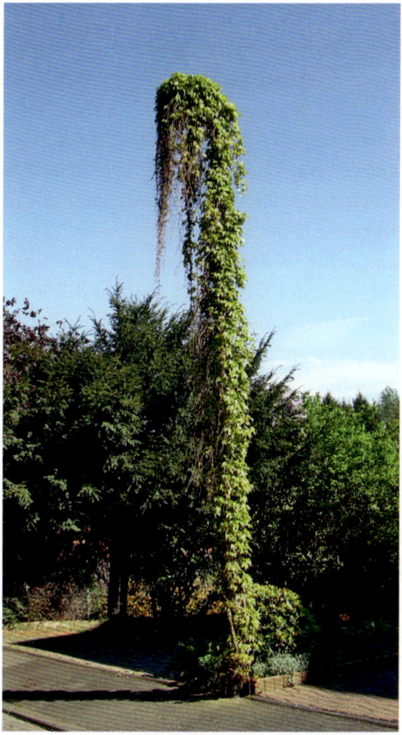

Interessantes am Wegesrand

Es erwartet Sie ein Naturdenkmal der besonderen Art: ca. 360 Mio. Jahre alter devonischer Meeresboden. Eine Infotafel gibt weitere Erläuterungen hierzu. Nun wandern Sie das letzte Stück auf der Straße am Friedhof vorbei und erreichen nach 11,5 km wieder Ihren Ausgangspunkt.

Hotel-Restaurant Wißkirchen, Am Rösberg 2, 51519 Odenthal, 021 74/671 80, www.hotel-wisskirchen.de, täglich 7:00-23:00

❼ Mühlenweg – Kürten

Tour für Naturliebhaber und Geschichtsinteressierte

Das Bergische Land war bereits im 19. Jahrhundert eine der führenden Gewerberegionen. Dies ist nicht zuletzt auf die Vielzahl der damals vorhandenen Mühlen zurückzuführen. Der Mühlenweg rund um die Gemeinde Kürten widmet sich diesem Thema. Sie wandeln auf historischen Spuren und erfahren Interessantes über die verschiedenen Mühlentypen, können jedoch leider keine noch funktionstüchtige Mühle besichtigen. Die meisten Mühlen sind hier zu Wohnhäusern umgebaut worden. Der Weg wartet mit ein paar steilen Anstiegen auf, ist insgesamt aber als leicht bis mittelschwer einzustufen. Er besticht durch seine herrlichen Weitblicke in die typisch bergische Landschaft und lädt zu Tierbegegnungen ein. Sie können sowohl Schafe, Kühe, Pferde, Gänse und Ziegen als auch frei lebende Rehe und jede Menge Vögel am Wegesrand beobachten.

Start/Ziel: Kürten, Parkplatz am Splash-Bad, Broch 8, 51515 Kürten, GPS N 51°03.338' E 007°17.385'

13,9 km

4 Std.

318 m/318 m

155-258 m

7 (weiße Zahl auf rotem Grund), Wegweiser an allen Abzweigungen

Es gibt relativ viele Asphaltpassagen, die sich mit Wirtschafts- und Waldwegen abwechseln, siehe Anmerkung zum Landschaftsbild im Wandel – Seite 13.

In der Ortschaft Delling (km 3,3 Café-Restaurant In der Delling), in Olpe (km 6, Haus Olpe) und im Ortskern von Kürten (km 11) gibt es Einkehrmöglichkeiten.

Entlang des Weges finden Sie eine Vielzahl von Rastbänken, die zum Verweilen einladen.

Im Ortskern von Kürten (km 11) finden Sie Einkaufsmöglichkeiten.

Splash-Bad am Start/Ziel

Der Weg führt hauptsächlich durch verkehrsarme Gegenden, birgt jedoch einige wenige steile Anstiege. Aufgrund der Länge ist er nur bedingt für Kinder geeignet.

Es gibt einige kürzere Passagen mit schmalen Waldwegen, etwas unwegsamem Gelände und steilen Anstiegen. Das Mitführen eines Buggys ist nicht zu empfehlen.

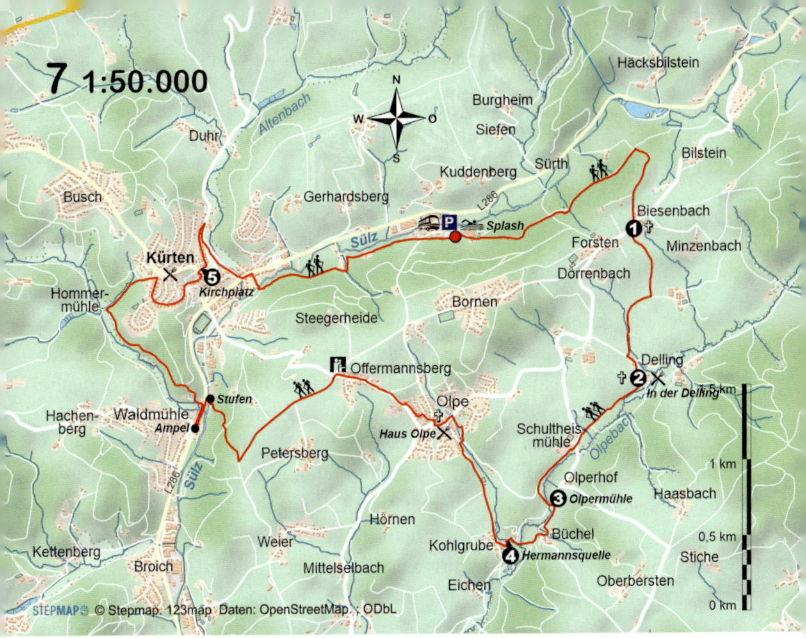

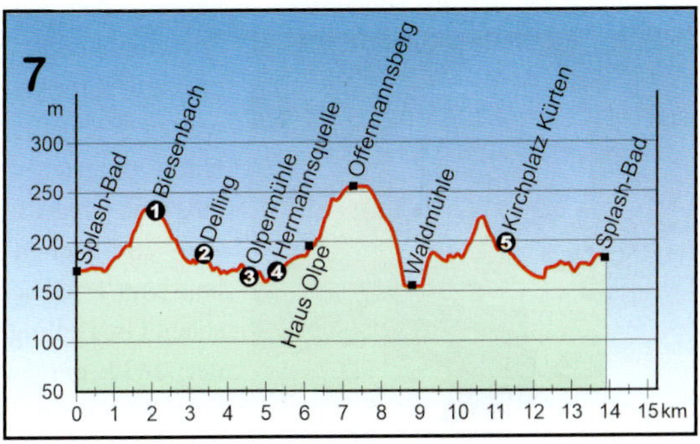

Der Weg führt entlang verschiedener Bachläufe, somit sind einige Trinkmöglichkeiten für Ihre Hunde vorhanden.

P Der Parkplatz am Splash-Bad im Start-/Zielbereich ist als kostenfreier Wanderparkplatz ausgewiesen.

Von Köln Hbf fahren Sie mit der S-Bahn S11 bis Bergisch Gladbach und von dort weiter mit der Buslinie 426 bis „Splash-Bad/Wende“.

Das Splash-Bad, die Sauna- und Badelandschaft in Kürten, befindet sich direkt am Start/Ziel und lädt zu einer willkommenen Erfrischung nach der Wanderung ein.

♦ Splash Sauna- und Badeland, Broch 8, 51515 Kürten, ☎ 022 68/903 19, www.splash-kuerten.de, Badebetrieb Mo 13:00-21:00, Di-Fr 8:00-21:00, Sa u. So 9:00-21:00

Der mit der weißen 7 auf rotem Grund markierte Weg beginnt rechts oberhalb des Splash-Bades. Noch bevor Sie gestartet sind, erfahren Sie auf den ersten Infotafeln schon allerlei Interessantes über die jahrhundertealte Geschichte der Wassermühlen im Bergischen Land. Sie folgen dem Wirtschaftsweg durch den Wald und werden von Vogelgezwitscher begleitet. Schon bald passieren Sie das erste murmelnde Bächlein, das sich bestens als Trinkstelle für Ihren Vierbeiner eignet. Beim Erreichen einer Wegkreuzung werden Sie auf einer weiteren Infotafel mit der nicht ganz ungefährlichen Schwarzpulverproduktion vertraut gemacht, die im 15. und 16. Jahrhundert für die Region von großer Bedeutung war.

Als Globus dargestellte Sonnenuhr

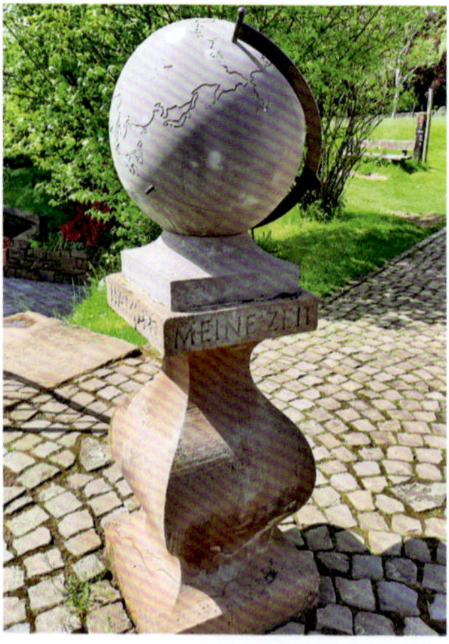

Weiter geht es rechts stetig leicht bergan. Am Ende der Steigung erwartet Sie die Siedlung Biesenbach mit ihrer kleinen, aber sehenswerten ✞ Kapelle ❶. Rastbänke laden unterwegs zum Verweilen ein, Kuh- und Pferdeweiden tragen zum idyllischen Landschaftsbild bei. Nun erreichen Sie den malerischen Ort Delling (km 3,3) mit seiner 1834 eingeweihten evangelischen ✞ Kirche. Diese war in einer früher fast ausschließlich katholischen Gegend eine echte Besonderheit. Vor der Kirche können Sie eine als Globus dargestellte Sonnenuhr ❷ bestaunen, auf der Delling ganz oben liegt.

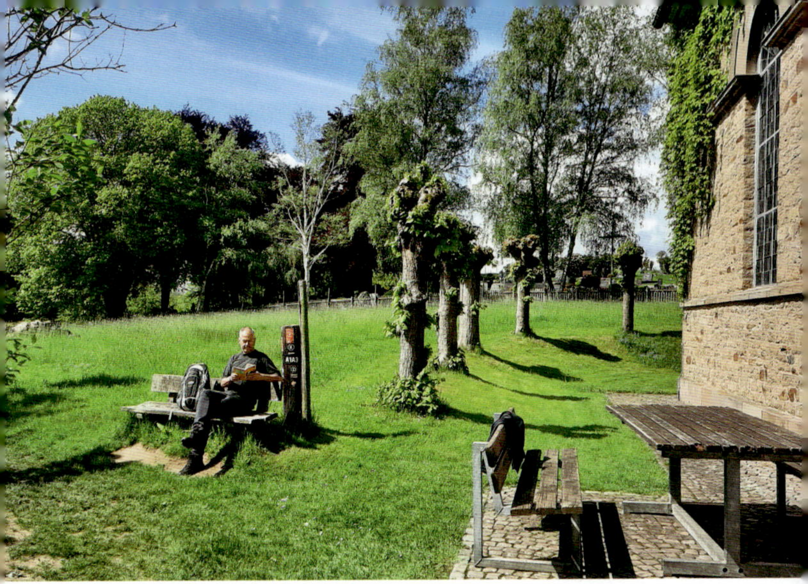

Evangelische Kirche in Delling

Neben der Kirche befindet sich das ✕ Café-Restaurant In der Delling, das als Gastgeber des Bergischen Wanderlandes Wanderer besonders herzlich willkommen heißt.

✕ Café-Restaurant In der Delling, Delling 12, 51515 Kürten, ☏ 022 68/801 14 40, info@inderdelling.com, www.inderdelling.com, Mi-Fr 12:00-15:00 u. 17:30-22:00, Sa u. So. 12:00-22:00, Mo u. Di Ruhetag

Zwischen Restaurant und Kirche hindurch folgen Sie nun einem schmalen Weg oberhalb des Olpebachs. Bald passieren Sie die Schultheismühle, die früher eine Ölmühle war und heute als Wohnhaus dient.

Kurz vor der Olpermühle ❸, einer ehemaligen Kornmühle, überqueren Sie den Olpebach (km 4,6) und finden neben dem heute als Wohnhaus genutzten Gebäude eine weitere Infotafel mit Erläuterungen zu Öl- und Kornmühlen. Sie folgen dem Weg, der nun eben entlang des Baches verläuft, und erreichen nach wenigen Hundert Metern die Ortschaft Kohlgrube. Hier biegen Sie der Markierung folgend rechts ab und queren den Bach erneut.

⌘ Das kleine private Wasserwerk Hermannsquelle ❹ ist aufgrund der markanten blauen Holzskulptur im Eingang nicht zu übersehen. Der Bildhauer Till Hausmann fertigte sie aus einer 85 Jahre alten Fichte, die bei einem Sturm im Jahr 2002 umfiel. Die Wasseradern fand Hermann Breidenbach, als er 1973 in Zeiten höchster Wassernot mit seiner Wünschelrute loszog. Nach ihm wurde die Quelle benannt, die noch heute zwölf private Haushalte mit frischem Trinkwasser versorgt. Künstlerisch geformte Stühle aus grobem Holz laden zu einer kleinen Rast vor der Quelle ein.

Weiter geht es zur nächsten Ortschaft. In Olpe finden Sie verschiedene Einkehrmöglichkeiten und eine Rastbank vor der katholischen Kirche ✞ St. Margareta.

Haus Olpe, Hauptstraße 26, 51515 Kürten, ☏ 022 68/909 16 90, www.landgasthof-zum-haus-olpe.de, Di-Fr 17:00-22:00, Sa u. So. 12:00-22:00, Mo Ruhetag

Hermannsquelle

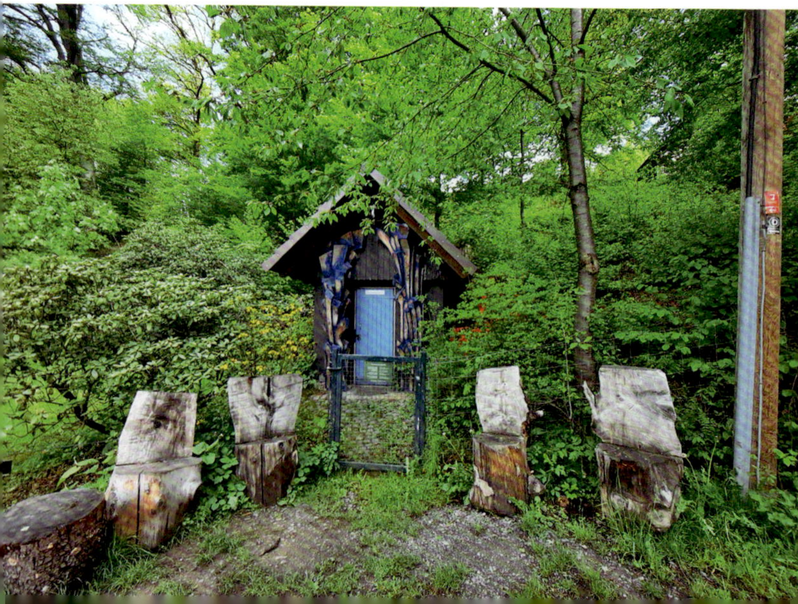

Ein steiler Anstieg bringt Sie auf die Höhen des Offermannsbergs, wo Sie dann links den Markierungen weiter folgen. Der Anstieg wird belohnt durch einen 360°-Weitblick über die Hügel des Bergischen Landes. Mit etwas Glück können Sie hier die seltenen Rotmilane kreisen sehen. Es geht wieder leicht bergab, an der T-Kreuzung wenden Sie sich nach rechts und erreichen bald einen steil abfallenden Waldweg, der am Ende noch über 20 Stufen hinunter zum Bachlauf der Sülz führt. Diesen überqueren Sie und erreichen den Ortseingang von Waldmühle.

Der Weg verläuft nun ca. 200 m entlang der Straße bis zur Fußgängerampel, damit Sie die Straße sicher überqueren können, und etwa gleich weit auf der gegenüberliegenden Straßenseite wieder zurück. Von dort biegen Sie links auf einen steil ansteigenden Wirtschaftsweg ab, der vor einem verschlossenen Gittertor zu enden scheint. Kurz vor diesem Tor führt der Weg jedoch weiter rechts entlang des Grundstückzauns bis zum Ende der Einzäunung. Von der Zaunecke aus wenden Sie sich halb links und erreichen nach ca. 100 m einen breiten Wirtschaftsweg, dem Sie nach links weiter folgen.

Auf der nächsten Infotafel (km 9,7) erfahren Sie Wissenswertes über Getreide- und Walkmühlen. Eine Bank gegenüber lädt zum Erholen ein.

Folgen Sie nun weiter der Markierung, Sie erreichen schon bald den höher gelegenen Ortsteil von Kürten. Rund um den Kirchplatz ❺ erwarten Sie verschiedene Einkehrmöglichkeiten sowie Rastbänke. Sie überqueren den Kirchplatz und finden einige Stufen tiefer eine weitere Infotafel zu einer Lohmühle zur Ledergerberei und weitere Anekdoten.

Dann folgen Sie links den Markierungen und erreichen den Ortskern von Kürten. Hier sind sowohl Einkehr- wie auch Einkaufsmöglichkeiten vorhanden. Bei km 11,7 biegen Sie rechts in einen Wirtschaftsweg ab und verlassen das Zentrum, um kurz dahinter die Sülz nochmals zu überqueren und über einen kurzen steilen Anstieg mit einigen Stufen auf einen Weg zu gelangen, der oberhalb des Zentrums durch die Natur führt. Diesem Weg folgen Sie entsprechend der Markierung, bis Sie schließlich Ihren Ausgangspunkt am Splash-Bad wieder erreichen.

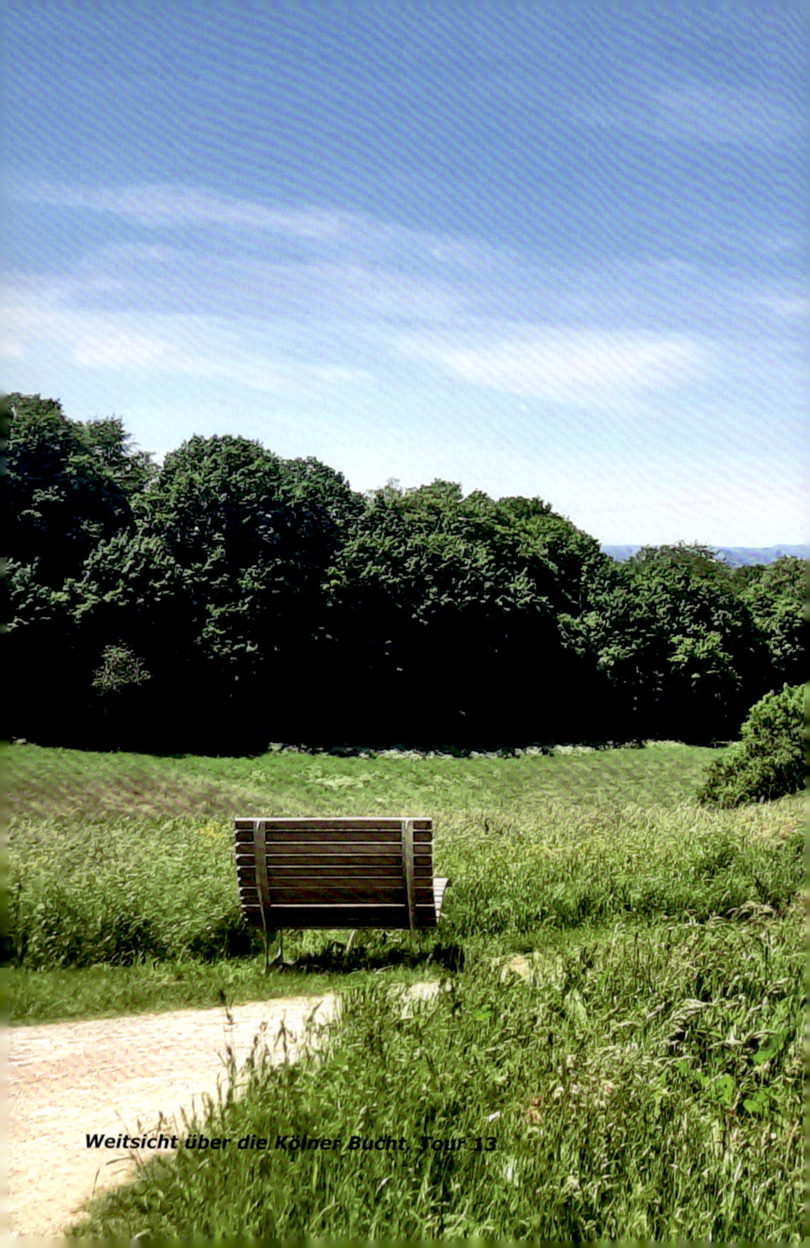

Weitsicht über die Kölner Bucht, Tour 13

Die Mitte des Bergischen Landes

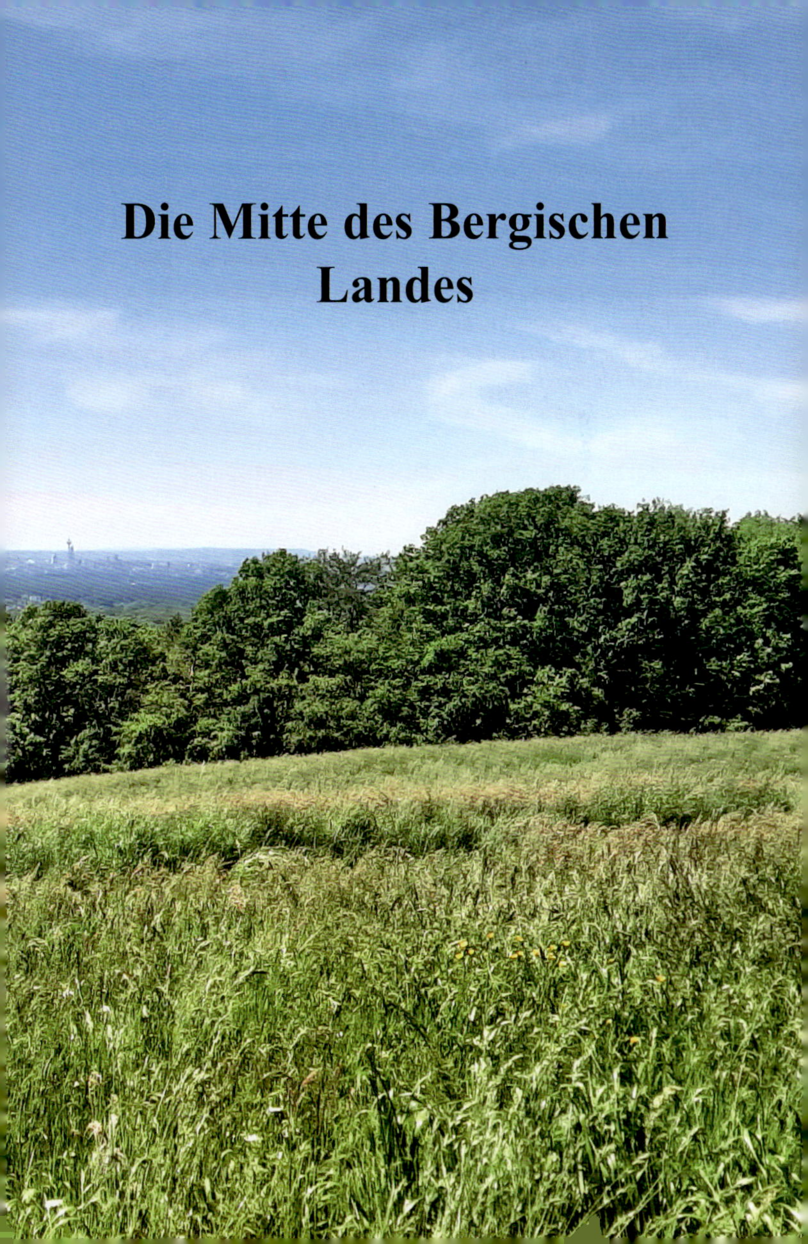

8 Steinhauerpfad – Lindlar

Tour für Naturliebhaber und Geschichtsinteressierte

Der Steinhauerpfad gibt tiefe Einblicke in das gefährliche Traditionshandwerk und führt direkt zu den Steinbrüchen der Grauwacke. Die Wege sind zum Teil sehr schmal, je nach Witterung matschig und dürfen an einigen Stellen aus Sicherheitsgründen nicht verlassen werden, da im Steinbruchgebiet Gefahr besteht. An drei Aussichtspunkten können Sie ermessen, wie „steinreich" Lindlar ist, und die Fernsicht auf bergische Hügellandschaften genießen. Festes Schuhwerk wird empfohlen.

↻ Start/Ziel: Lindlar, Marktplatz, GPS N 51°01.131' E 007°22.636'

➲ 6,2 km

⌛ 2 Std.

↑↓ 176 m/176 m

⇧ 222-351 m

Wäscherin, eine Figur des Steenkühlerbrunnens

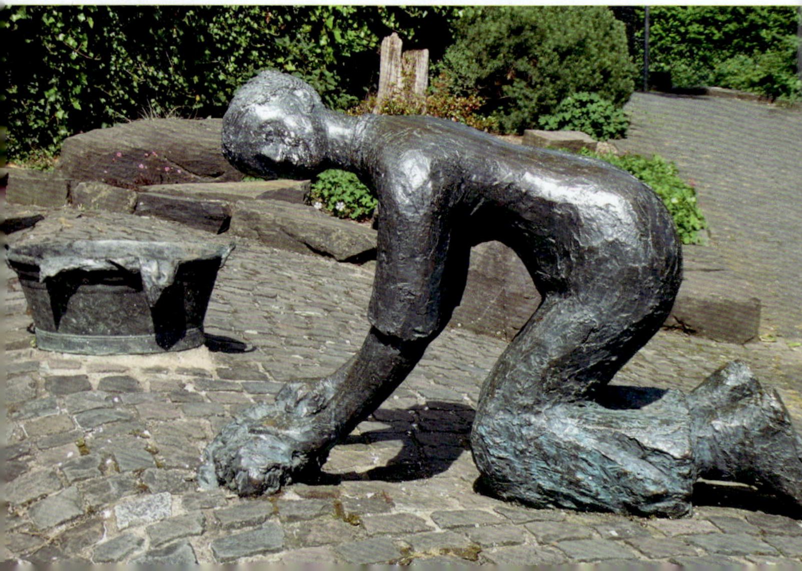

✎ 8 (weiße Zahl auf rotem Grund), Wegweiser an allen Abzweigungen

teilweise matschige, wurzel- und steindurchsetzte Pfade, bei feuchter Witterung auch rutschig, im Stadtgebiet asphaltierte Wege, siehe Anmerkung zum Landschaftsbild im Wandel – ☞ Seite 13

✕ Unterwegs gibt es keine Einkehrmöglichkeit, im Start-/Zielbereich finden Sie das Restaurant Altes Amtshaus.

Rastbänke im Park mit Spielplatz (km 0,4), Rastbank mit Ausblick (km 1,5), Rastbank (km 3,2)

Die Wege sind teilweise sehr schmal und es gibt Einzäunungen aufgrund der Steinbrüche. Somit ist erhöhte Vorsicht geboten.

Es müssen schmale Waldwege, unwegsames Gelände und etliche Stufen überwunden werden. Der Weg ist für Kinderwagen ungeeignet.

Es besteht teilweise Anleinpflicht.

P Im Start-/Zielbereich am Marktplatz befinden sich kostenfreie Parkplätze.

Von „Köln Hbf/Breslauer Platz“ fahren Sie mit dem Schnellbus SB 40 bis „Bensberg Busbahnhof“ und von dort mit der Buslinie 421 bis „Lindlar Busbahnhof“.

Der Weg beginnt auf dem Marktplatz. Vor dem Start haben Sie schon Gelegenheit, sich am ⌘ Steenkühlerbrunnen, einem Denkmal der Steinhauertradition, auf die Wanderung einzustimmen. Auch die i Touristeninformation, die Prospekte jeglicher Art für Sie bereithält, befindet sich hier.

i Lindlar Touristik, Am Marktplatz 1, 51789 Lindlar, ☏ 022 66/964 07, lindlartouristik@lindlar.de, www.lindlar-touristik.de, saisonabhängig unterschiedliche Öffnungszeiten

Unmittelbar vor dem Gebäude der Touristeninformation beginnt Ihr Weg. Links geht es einige Stufen abwärts und gleich darauf 15 Stufen aufwärts zum Kirchplatz der Pfarrkirche ✞ St. Severin. Hier passieren Sie einen Brunnen aus dem Mittelalter, der den Ortskern von Lindlar mit Wasser versorgte. Folgen Sie weiter der Wegmarkierung (weiße 8 auf rotem Grund). Bald geht es nach links ein paar Stufen hinab in eine Parkanlage mit Spielplatz und Rastbänken. Durchqueren Sie den Park und verlassen Sie ihn rechts neben der Infotafel wieder.

Lindlar blickt auf eine jahrhundertealte Geschichte zurück. Steinbrüche und das Steinhauerhandwerk spielen dabei seit jeher eine wichtige Rolle. Die Grauwacke steht seit mehr als 1.000 Jahren für Lindlar. Dieser Stein ist vor 300 Millionen Jahren entstanden und kann vielseitig verwendet werden, sowohl als Baumaterial als auch als Bodenbelag. Er wird heute noch in Lindlar abgebaut. Schon früh wurden in der Gegend Steingebäude errichtet, während sonst bis ins 20. Jahrhundert die Fachwerkbauten in Holz- und Lehmbauweise dominierten. Auch beim Bau des Altenberger Doms wurde die Grauwacke aus Lindlar verarbeitet. Selbst im Frankfurter Airport und in Dubai findet man Bodenplatten dieses Baustoffs. Selbstverständlich wurde auch der Lindlarer Ortskern mit diesem Stein gepflastert.

Kurz darauf erreichen Sie den alten Bahnhof von Lindlar, der heute in Privatbesitz ist und teils gewerblich, teils als Wohnhaus genutzt wird. Dieses schön restaurierte Gebäude erinnert an längst vergangene Zeiten. Vor dem alten Bahnhofsgelände führt Sie rechts ein schmaler Wiesenweg bergauf. Von nun an kann es immer wieder matschig werden.

Unterwegs auf dem Steinhauerpfad

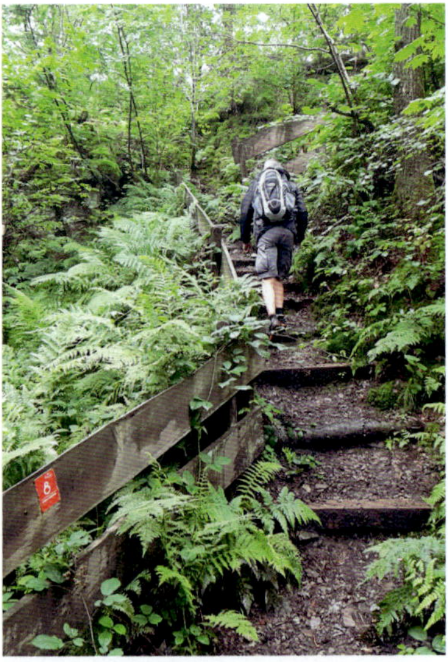

Nach wenigen Metern erreichen Sie eine ⛼ Rastbank mit exzellenter Weitsicht. Kurz darauf wird der Weg wieder etwas breiter und führt rechts hoch. Dann bietet sich ein Abstecher ❶ zum Steinbruch an (km 1,65).

Achten Sie auf ein kleines Schild, das auf diesen Abstecher hinweist. Es erwartet Sie ein Tor aus Grauwacke, durch welches Sie hindurchtreten können. Links daneben befindet sich eine Kletterwand. Das weitere Gelände darf nicht betreten werden, Sie können es aber aus der Entfernung betrachten.

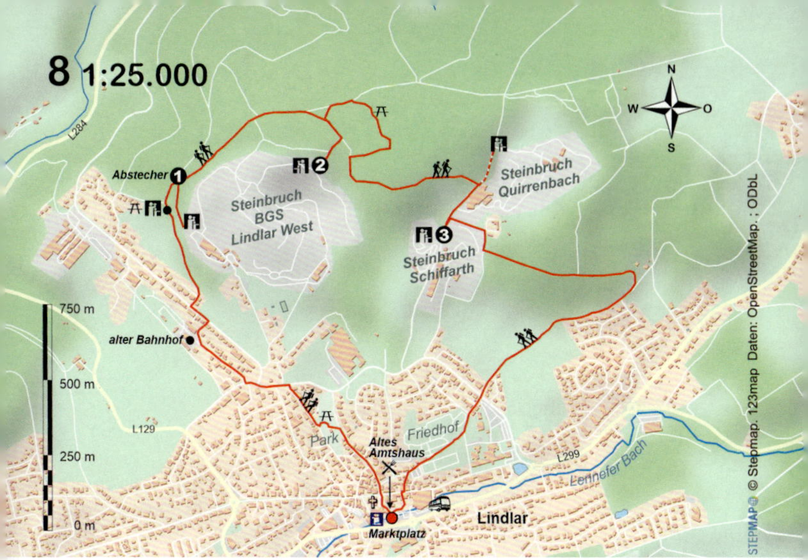

Nach dem Abstecher kehren Sie auf den Hauptweg zurück und erreichen im weiteren Wegverlauf einen Aussichtspunkt ❷. An dieser Stelle können Sie den Steinbruch aus einer anderen Perspektive betrachten. Genießen Sie die Aussicht. Die aufgestellte Infotafel gibt Ihnen weitere Einblicke in die Geschichte des Steinabbaus. Nach diesem Abstecher kehren Sie nun auf den Hauptweg zurück, folgen ein kurzes Stück weiter der Markierung auf einem breiten Wirtschaftsweg und gehen dann rechts einige Stufen hinauf und auf einem schmalen Pfad, der tiefer in den Wald führt.

Auf diesem Teilstück besteht Anleinpflicht für Hunde und der Weg kann teilweise sehr matschig sein. Die üppige Vegetation lässt die Mühen jedoch schnell vergessen. Farne, Flechten und Moos bewachsene Bäume geben dem verwinkelten Pfad auf einigen Hundert Metern einen mystischen Anstrich. Es geht weiter bergauf bis auf die Anhöhe, wo Sie eine Rastbank erwartet. Hier können Sie hautnah erleben, wie sich die Natur dort, wo nicht mehr in den Steinbrüchen gearbeitet wird, ihren Lebensraum zurückerobert hat.

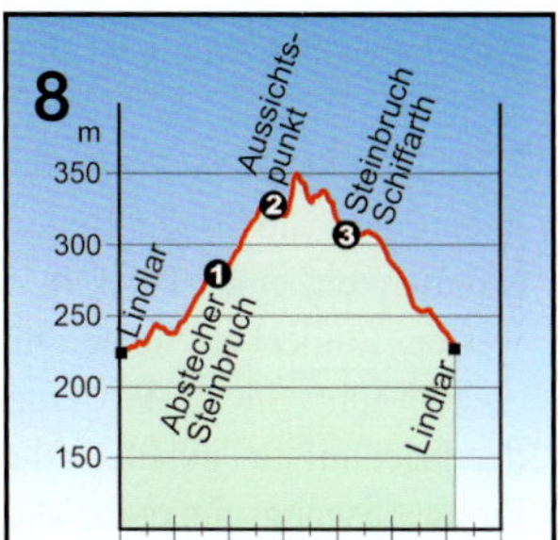

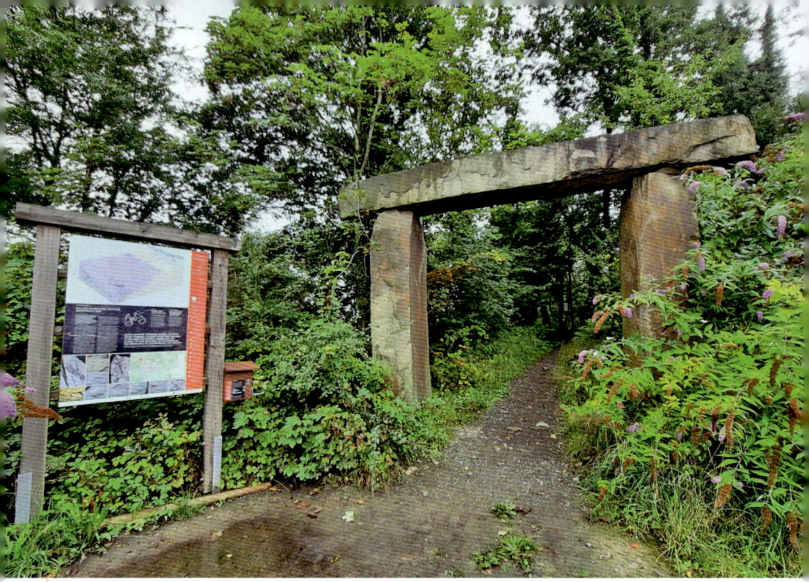

Das Tor aus Grauwacke ist Ziel des Abstechers zum Steinbruch

Gut erholt wandern Sie weiter und stoßen kurze Zeit später auf die Überreste eines alten Arbeiterhauses, das überwuchert und damit wieder zu einem Teil der Natur geworden ist.

Bei km 4,1 treten Sie aus dem Wald heraus zurück auf die Straße. Der Weg führt Sie rechts bergab, es bietet sich jedoch ein kurzer Abstecher an.

↳ Wenden Sie sich nach links und gehen Sie ca. 150 m die Straße hoch. Hier können Sie einen Blick in den Steinbruch Quirrenbach werfen. Auf demselben Weg geht es dann zurück zur Abzweigung.

Folgen Sie dann wieder der Markierung und wenden Sie sich nach links in eine schmale Straße. Bevor Sie dort abbiegen, bietet sich rechts noch die Möglichkeit, einen Blick in den Steinbruch Schiffarth ❸ tief hinunter zu werfen. Entdecken Sie den türkisblauen See am Grund des Steinbruchs.

Nun führt Sie der Weg zurück ins Zentrum von Lindlar. Sie überqueren den Friedhof und gelangen durch die historischen Gassen wieder zurück zu Ihrem Ausgangspunkt am Marktplatz, wo Sie in einem der Cafés oder Restaurants einkehren können, z. B. im Restaurant Altes Amtshaus.

Restaurant Altes Amtshaus, Am Marktplatz 1, 51789 Lindlar, ☏ 022 66/46 46 46, info@amtshauslindlar.de, www.amtshauslindlar.de, Do-Di 11:30-24:00, Mi Ruhetag

☺ Nur etwa 2 km vom Ziel entfernt befindet sich das Bergische Freilichtmuseum, wo das ländliche Leben früherer Zeiten anschaulich vermittelt wird. Auf dem Weg dorthin kommen Sie am Wasserschloss Heiligenhoven mit seinen Spazierwegen im Schlosspark vorbei.

⌘ LVR-Freilichtmuseum Lindlar, Heiligenhoven 16a, 51789 Lindlar, https://freilichtmuseum-lindlar.lvr.de, März bis Oktober Di-So 10:00-18:00, November bis Februar Di-So 10:00-16:00, Mo geschlossen

Alter Bahnhof in Lindlar

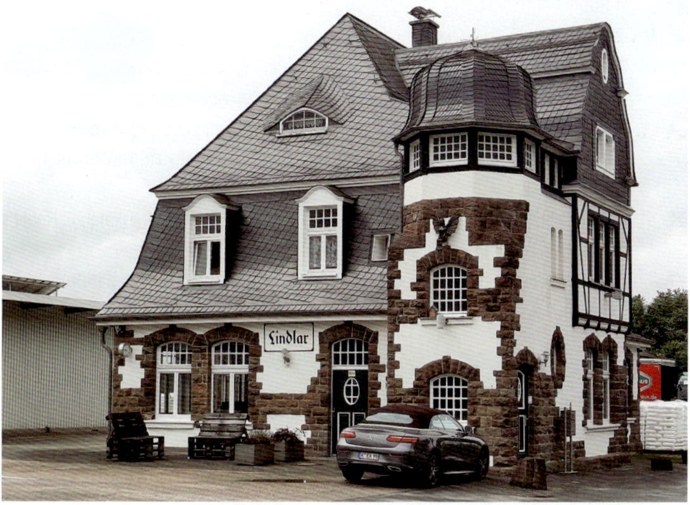

9 Bergischer Fuhrmannsweg – Marienheide

Tour für Naturliebhaber und Geschichtsinteressierte

Dieser mittelschwere Wanderweg startet am Busbahnhof von Marienheide und bietet eine sehr abwechslungsreiche Tour. Sie wandern auf alten Hohlwegen und erfahren, wie die Fuhrmänner in früheren Zeiten mit ihren teilweise gefährlichen Lasten mühsam die Höhen überwinden mussten. Genießen Sie die Landschaft, entspannen Sie am Talsperrenufer und erfrischen Sie sich im Wasser. Sonnige und schattige Abschnitte wechseln sich ab.

Start/Ziel: Marienheide, Busbahnhof, GPS N 51°04.880' E 007°31.858'

13,3 km

4 Std.

272 m/272 m

350-442 m

9 (weiße Zahl auf rotem Grund), Wegweiser an allen Abzweigungen

Asphaltstrecken wechseln sich ab mit Wirtschaftswegen, Waldwegen und schmalen, unwegsamen Pfaden, siehe Anmerkung zum Landschaftsbild im Wandel – Seite 13.

Waldhotel Marienheide (km 2,7 und km 10,7), Tapas-Bar Alhambra (km 9,8), Roger's Restaurant (km 9,9)

Rastbänke rund um die Talsperre in kurzen Abständen, Rastbänke am Brunnen im Dorf (km 7,7), Schutzhütten bei km 4,2 und km 9,0

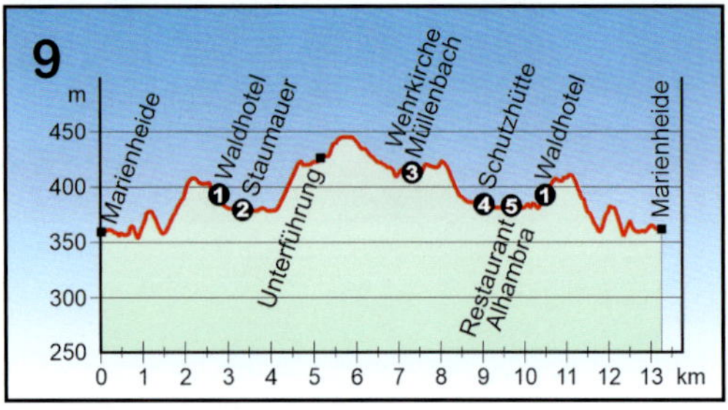

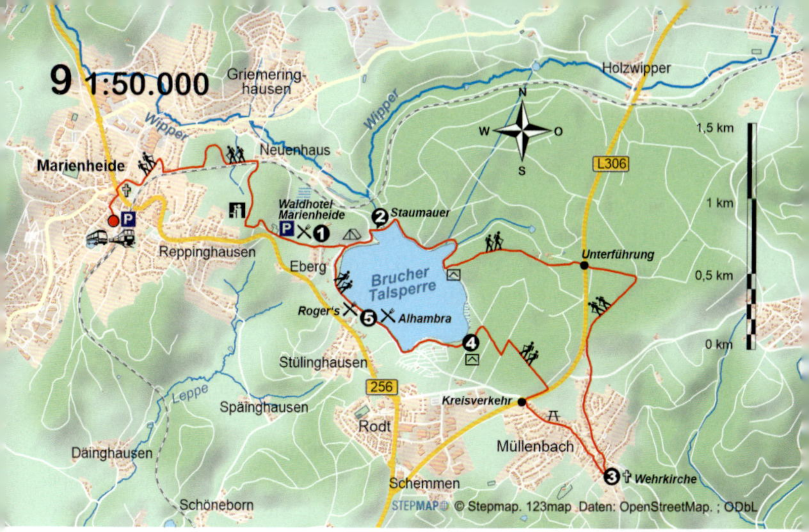

Es ist eine abwechslungsreiche Wanderung, auf der es viel Natur zu entdecken gibt. So locken z. B. wilde Beeren zum Naschen am Wegesrand. Die Strecke ist relativ lang, kann aber abgekürzt werden, ☞ Hinweis für Wanderer mit Buggy.

Es gibt einige kürzere Passagen mit schmalen Waldwegen und steilen Anstiegen, die zu schmal für einen Buggy sind. Wenn Sie erst beim Waldhotel Marienheide (km 2,7) in den Weg einsteigen und ihn auf dem Rückweg auch dort wieder beenden, verpassen Sie zwar 5,4 km des Weges, können aber einen Buggy mitnehmen.

Rund um die Talsperre gibt es ausreichend Trinkgelegenheiten. Der Untergrund besteht hauptsächlich aus Wald- und Schotterwegen und einigen Straßenstücken.

P Circa 300 m hinter dem Bahnhofsgelände finden Sie kostenfreie Parkplätze, wenn Sie mit dem Buggy später in den Streifzug einsteigen möchten, stellen Sie Ihr Fahrzeug am Waldhotel Marienheide ab.

Von Köln Hbf fahren Sie mit dem Zug RB25 bis Marienheide Bahnhof.

Der Weg beginnt an der Infotafel A direkt am Busbahnhof. Sie gehen rechts über einen Fußgängerweg durch Marienheide, passieren die kath. Kirche St. Mariä Heimsuchung, gehen entlang der Klostermauer und verlassen das Zentrum. Über einen schönen Weg gesäumt mit Streuobstwiesen erreichen Sie eine Art Baumkreisel. Hier wenden Sie sich nach rechts, wandern bis zur Bahnlinie, vor der Sie sich nach links in die Talsohle begeben. Folgen Sie einfach der Markierung (weiße 9 auf rotem Grund).

Marienheide entstand am Verkehrsknotenpunkt von zwei historischen Fernwegen. Die Heidenstraße, ein jahrhundertealter Heer- und Handelsweg von Köln nach Leipzig, kreuzte hier die Bergische Eisenstraße. 1417 wurde Marienheide das erste Mal urkundlich erwähnt. Man sagt, dass ein Marienbild, das ein Klausner Heinrich in die damalige Siedlung „Auf der Heide" mitbrachte, wundertätig wirkte und damit Pilger anlockte. So entstand dann bald ein Kloster mit Wallfahrtskirche.

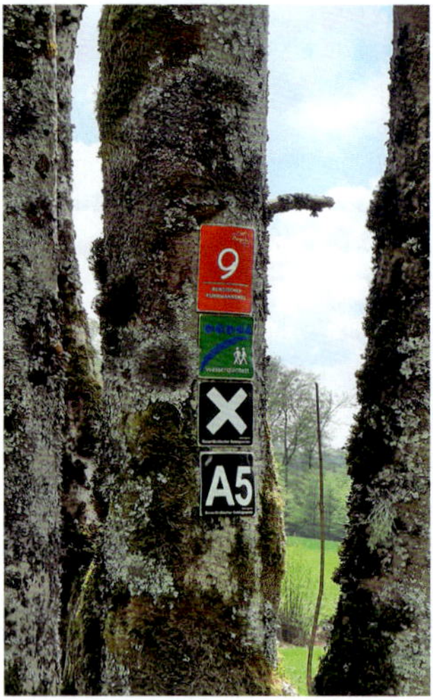

Wegmarkierung

Nach kurzer Zeit führt Sie der Weg auf einem sehr schmalen Pfad bergan Richtung Wald. Folgen Sie ihm entlang der Bahnlinie und wenden Sie sich kurz vor dem Erreichen der Kuppe nach links. Sie passieren eine weitere Streuobstwiese und kurz darauf überqueren Sie die Bahnlinie. Im weiteren Verlauf entdecken Sie eine Infotafel. Genießen Sie von hier aus die schöne Weitsicht über Wiesen und Felder. Die am Wegesrand wachsenden Sträucher laden in der passenden Jahreszeit zum Naschen von Heidelbeeren ein. Kurze Zeit später erwartet Sie eine Rastbank mit Talblick, bevor Sie dann das Waldhotel ✕ Marienheide ❶ (km 2,7) erreichen.

✕ Waldhotel Marienheide, Eberg 24, 51709 Marienheide, ☏ 023 59/295 67 09, info@waldhotel-marienheide.de, www.culturehotels.de, Mo-So 12:00-21:30

Wenn Sie der Straße nun weiter bergab folgen, gelangen Sie ans Seeufer. Hier befindet sich rechter Hand der Campingplatz Bruchersee.

Am Seeufer wenden Sie sich jedoch nach links und erreichen bald die Staumauer ❷. Unterwegs finden Sie in kurzen Abständen Rastbänke mit Abfallbehältern und schönem Talsperrenblick.

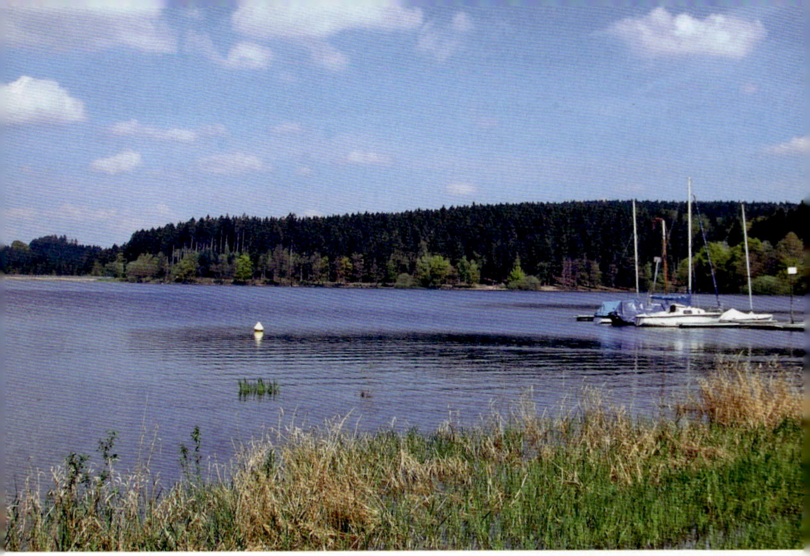

Brucher Talsperre

Im 15. Jahrhundert wurde in der Eulenbecke noch Eisenerz abgebaut, was die Fuhrmänner vor besondere Herausforderungen stellte. Das zu Stäben verarbeitete Roheisen, das zur Weiterverarbeitung ins Ruhrgebiet transportiert werden musste, luden sie auf ihre Gespanne. An den Steigungsstrecken entstanden daraufhin neue Einnahmequellen, denn es wurden zusätzliche Zugtiere benötigt, um die einachsigen Wagen die Höhen hinaufzuziehen. An diesen Wegpassagen verliehen die Besitzer ihre Tiere an die Fuhrmänner. Heute ist in dem Gebiet der Eulenbecke ein Biotop entstanden.

Nach dem Überqueren der Staumauer wenden Sie sich nach rechts und folgen weiter dem Uferweg. Es eröffnen sich immer wieder neue Blickwinkel auf den See. Kurz hinter der ⌂ Schutzhütte (km 4,2) führt Sie der Weg links bergan vom Ufer weg. Sie wandern nun auf einem Hohlweg aus längst vergangenen Zeiten.

Diese Wege wurden durch Wind, Wetter und Wagenräder häufig stark in Mitleidenschaft gezogen. Zudem wurde es schwierig, wenn sich Gegenverkehr ankündigte. Doch schon damals gab es gewisse Verkehrsregeln. So galt: „Bergfahrt vor Talfahrt“.

Sie folgen weiter der Markierung und passieren bald eine Unterführung. Kurz danach verlassen Sie die rechts abknickende Straße und gehen weiter geradeaus auf einen Wirtschaftsweg.

Nach einer Weile erreichen Sie die Ortschaft Müllenbach.

Im Ort passieren Sie die alte evangelische ✞ Wehrkirche ❸ (km 7,2), die links des Weges liegt.

✞ Machen Sie einen kurzen Abstecher zu diesem kulturhistorischen Kleinod und schauen Sie sich die uralten Grabsteine im Kirchenhof an. Es handelt sich um eine sogenannte „Bunte Kerke“, die diese Bezeichnung aufgrund der farbigen Wandmalereien im Inneren trägt. Zudem hat die alte Wehrkirche besonders dicke Mauern und diente früher den Dorfbewohnern in Gefahrensituationen als Zufluchtsort.

Streuobstwiesen auf dem Fuhrmannsweg

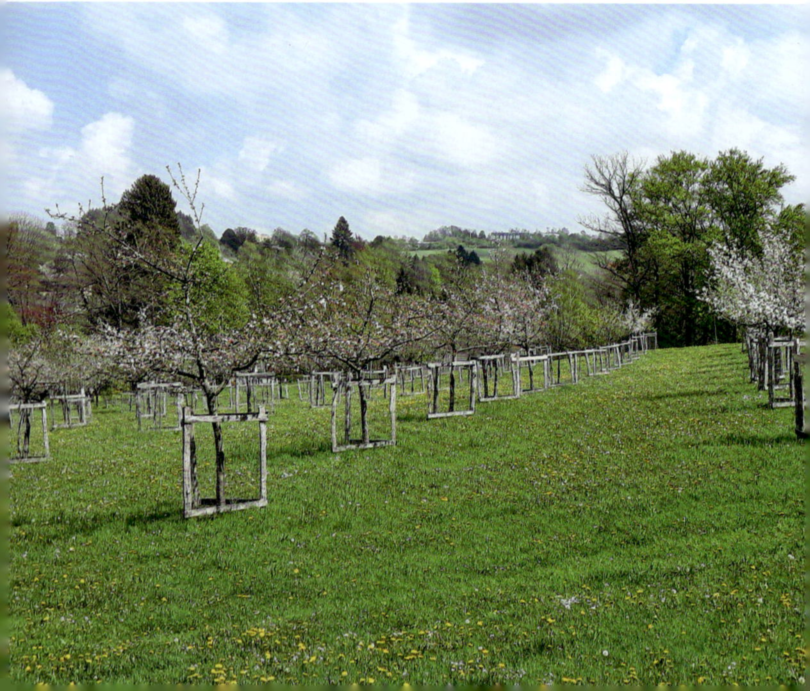

Im weiteren Verlauf der Straße stehen an einem Brunnen weitere Rastbänke für Sie bereit. Folgen Sie dann der Markierung und überqueren Sie im Kreisverkehr zunächst die viel befahrene Schnellstraße, bevor Sie sich auf der linken Straßenseite nach rechts wenden und leicht bergan gehen. Nach ca. 200 m entlang der Straße biegen Sie nach links in den Wirtschaftsweg ab. Sie folgen diesem und erreichen so eine weitere Schutzhütte ❹ (km 9,0). Kurz darauf gelangen Sie wieder auf den Uferweg des Bruchersees. Hier erreichen Sie in kurzen Abständen weitere Rastbänke mit Blick auf das Wasser. Gönnen Sie sich eine kurze Auszeit und lauschen Sie dem Vogelgezwitscher, welches Sie hier überall begleitet. Direkt am Ufer liegt das Restaurant Alhambra ❺.

Restaurant Alhambra, Gummersbacher Straße 15, 51709 Marienheide, 022 64/62 70, www.tapas-alhambra.de, die wetterabhängigen Öffnungszeiten entnehmen Sie bitte der Webseite.

Nur etwa 100 m weiter am Ufer entlang erwartet Sie eine weitere Einkehrmöglichkeit.

Roger's Restaurant, Gummersbacher Straße 15 a, 51709 Marienheide, 022 64/40 33 75, www.rogers-restaurant.de, Di-Fr ab 17:00, Sa u. So ab 11:00, Mo Ruhetag

Folgen Sie dem Uferweg weiter, bis sich der Kreis schließt (km 10,4) und Sie der Markierung folgend links die Straße hinauf auf den Rückweg gelangen. Sie passieren nun ein weiteres Mal das Waldhotel Marienheide. Dann wandern Sie die letzten Kilometer entgegengesetzt zum Hinweg zurück ins Zentrum zu Ihrem Ausgangspunkt am Busbahnhof.

⑩ Energieweg – Gummersbach

Tour für Naturliebhaber und Technikinteressierte

Sie beginnen die Wanderung an der Staumauer der Aggertalsperre und begeben sich zunächst auf den Uferweg. Schon bald gewinnt der Weg an Höhe und Sie verlassen die Talsperre. Unterwegs erfahren Sie auf diesem Mausweg, der Erklärungen speziell für Kinder bereithält, mehr über die verschiedenen Energiearten und ihre Gewinnung, können den Rotorflügel einer Windkraftanlage in voller Größe ansehen und wandern immer wieder durch Wälder, deren Wege mit wilden Himbeeren gesäumt sind. Auf dem Rückweg erreichen Sie wieder das Talsperrenufer, das zum Rasten einlädt.

Start/Ziel: Wanderparkplatz an der Aggertalsperre, Ecke Sperrmauer/Hagenerstraße, 51647 Gummersbach, GPS N 51°02.145' E 007°38.041'

12 km

3 Std. 30 Min. bis 4 Std.

213 m/213 m

295-431 m

10 (weiße Zahl auf rotem Grund), Wegweiser an allen Abzweigungen

Breite Wirtschaftswege, Straßenabschnitte und schmale Pfade wechseln sich ab, siehe Anmerkung zum Landschaftsbild im Wandel – Seite 13.

Landgasthof Reinhold (km 4,6)

> 10 Rastbänke in regelmäßigen Abständen entlang des Weges, Schutzhütte (km 3,6), Picknickplatz (km 7)

Es ist eine abwechslungsreiche Wanderung, auf der es viel zu entdecken gibt. Allerdings ist die Strecke relativ lang.

Es gibt kürzere Passagen auf schmalen Pfaden und Wiesenwegen, die jedoch mit einem Geländebuggy zu bewältigen sind. Bei km 7,5 ist eine Umfahrung für ca. 500 m über eine wenig befahrene Straße ohne Gehweg oberhalb des Wiesenwegs notwendig, da sich der Pfad nicht für die Mitnahme eines Buggys eignet.

Rund um die Talsperre gibt es ausreichend Trinkgelegenheiten. Der Untergrund besteht hauptsächlich aus Wald- und Schotterwegen und einigen Straßenstücken.

Wanderparkplatz Ecke Sperrmauer/Hagener Straße im Start-/Zielbereich

Für diesen Weg gibt es keine Anbindung an den öffentlichen Nahverkehr.

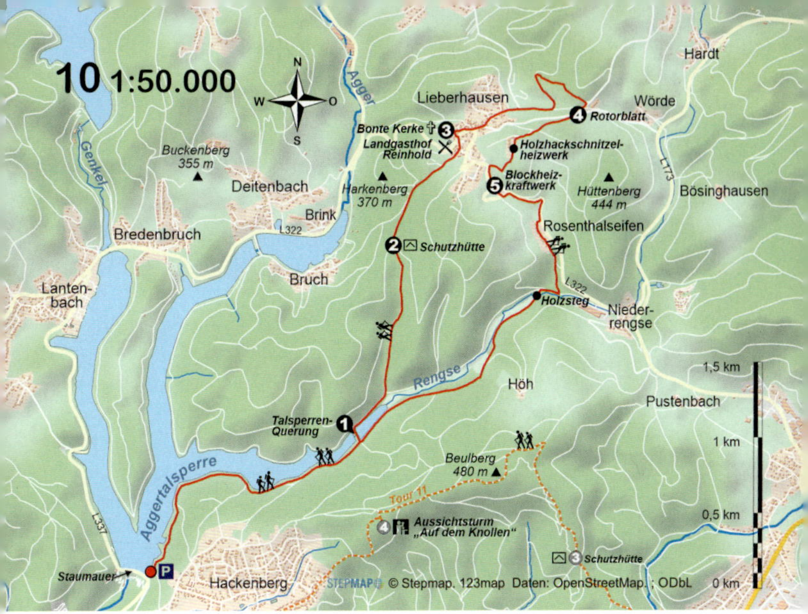

Es geht los an der Einfahrt zum Wanderparkplatz. Hier haben Sie einen schönen Blick auf die Staumauer und erfahren bereits eine Menge über die Wasserkraft, eine immer wieder erneuerbare Energiequelle.

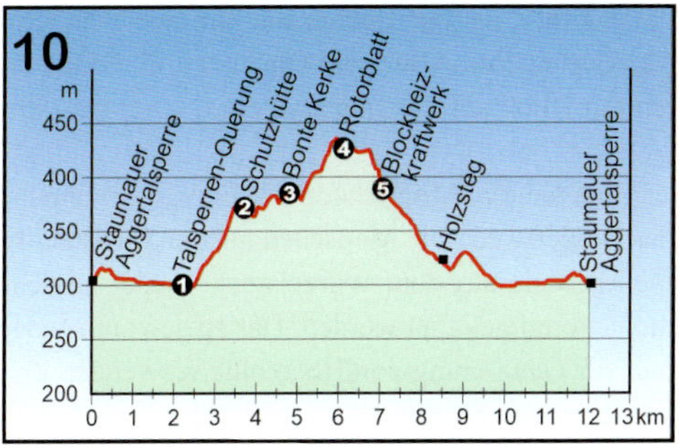

Die mit vielen Freizeitmöglichkeiten lockende Aggertalsperre blickt auf eine über neunzigjährige Geschichte zurück und ist damit die älteste Talsperre im Oberbergischen. Hier wird das Wasser von drei Flüssen gestaut, nämlich Agger, Rengse und Genkel. Die Kraft des Wassers wird genutzt, um Energie zu erzeugen, indem man das Wasser an der Staumauer durch Turbinen leitet, die wiederum einen Generator antreiben.

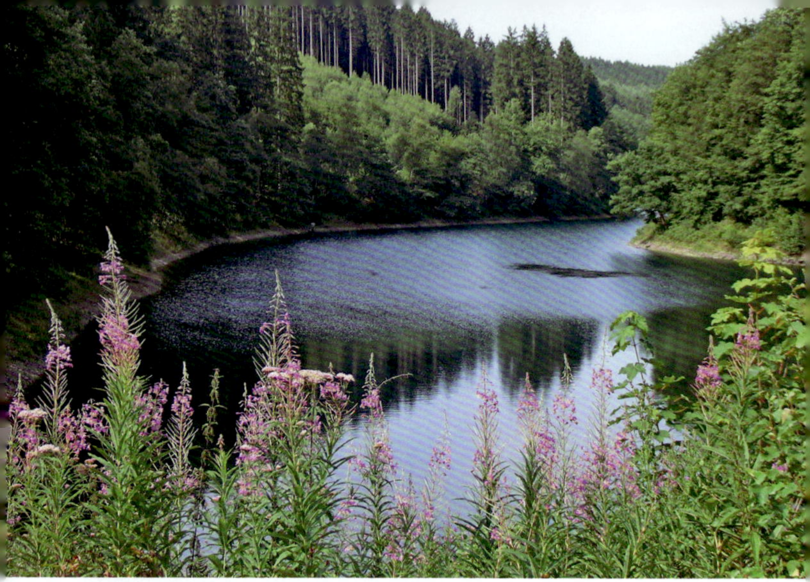

Aggertalsperre

Von hier aus überqueren Sie nun den Wanderparkplatz und folgen der Markierung zum Uferweg. Die ersten ⩚ Bänke laden gleich zum Verweilen mit Blick auf die Talsperre ein.

Eine weitere Möglichkeit der Energiegewinnung war in früheren Zeiten der Niederwald. Die Menschen nutzten die Eigenschaft mancher Laubbäume, dass sie aus dem Wurzelstock wieder ausschlagen können, wenn sie nicht zu tief gekappt werden. Das so gewonnene Holz wurde als Brennholz und zur Gewinnung von Holzkohle verwendet. Zeitgleich konnte der Wald wieder nachwachsen.

Der Weg führt Sie nun links über einen Seitenarm der Talsperre ❶ (km 2,1). Auf der Überquerung können Sie eine Rast ⩚ mit herrlichem Blick auf das Wasser einlegen. Weiter geht es rechts auf einen asphaltierten Uferweg. Nach ca. 400 m folgen Sie links bergan einem Wirtschaftsweg. Lassen Sie sich von den wilden Himbeeren, die am Wegesrand wachsen, zum Naschen verführen und lauschen Sie den Klängen der Natur. So erreichen Sie eine ⌂ Schutzhütte ❷ (km 3,6).

Folgen Sie der Markierung von hier aus über einen Wirtschaftsweg zunächst leicht bergab und dann an einer Weggabelung halb rechts über eine Feldstraße wieder bergauf. Eine ⩩ Bank in der Sonne (km 4,1) lädt zum Ausruhen ein, eine weitere ⩩ Rastbank (km 4,3) erwartet Sie kurz vor dem Ortseingang von Lieberhausen. In dem sehenswerten und mehrfach ausgezeichneten Dorf stoßen Sie bald auf den Kirchplatz (km 4,6) mit seiner ✞ „Bunten Kerke" ❸.

✞ Die evangelische Kirche aus dem 11. Jahrhundert ist ein kunsthistorisches Kleinod und wurde als erste aufgrund ihrer wunderbaren Malereien im Inneren „Bunte Kerke" genannt (im oberbergischen Dialekt auch „Bonte Kerke") und hat die Namensgebung für weitere Kirchen mit ähnlichen Malereien beeinflusst. In Lieberhausen sind, einmalig für das Rheinland, Bilder aus vor- und nachreformatorischer Zeit nebeneinander zu finden.

Ebenso auf dem Kirchplatz finden Sie den ✕ Landgasthof Reinhold – eine ehemalige Postkutschenstation aus dem 18. Jahrhundert –, der Wanderer herzlich willkommen heißt. Es erwarten Sie bergische Spezialitäten auf einer schönen Terrasse oder in den Gasträumen. Auch Übernachtungsmöglichkeiten werden angeboten.

✕ Landgasthof Reinhold, Kirchplatz 2, 51647 Gummersbach-Lieberhausen,
☎ 023 54/52 73, ✉ hotelreinhold1@aol.com, 💻 www.hotelreinhold.de,
🚪 Mo-Mi 17:30-21:00, Do Ruhetag, Fr 17:30-23:00, Sa 12:00-23:00, So 12:00-21:00

Folgen Sie der Markierung nun über den Kirchplatz weiter durch den Ort. Für ein kurzes Stück gehen Sie an einer Straße ohne Gehweg entlang, bevor Sie wieder auf verkehrsarme Straßen geführt werden. Circa 150 m nach dem Ortsausgang gehen Sie in einer Linkskurve weiter geradeaus auf einen Feldweg (km 5,1). Dieser ist im weiteren Verlauf für wenige Hundert Meter eine kleine Herausforderung für einen Buggy. Unterwegs laden ⩩ Bänke (km 5,3 und km 5,5) zum Rasten ein. Beim Eintritt in den Wald wenden Sie sich nach rechts bergan auf einen breiten Weg, der sich im weiteren Verlauf verjüngt und an einer Abzweigung nach rechts zu einem schmalen Pfad wird.

Die nächsten 200 m stellen für Ihren Buggy die schwierigste Passage der Wanderung dar. Dafür werden Sie unterwegs mit einem herrlichen Weitblick über die Bergischen Höhen belohnt. Dann erreichen Sie wieder eine Straße (km 6,1), auf der Sie rechts weitergehen. Nach nur 100 m erwartet Sie eine Überraschung: das Rotorblatt ❹ einer Windkraftanlage in voller Größe von 38,5 m Länge, das Sie sich hier ansehen können.

Bereits seit mehr als 4.000 Jahren wird der Wind als Energielieferant genutzt. Davon zeugten die ältesten Windmühlen in Asien. Die heutigen Windkraftanlagen sind allerdings umstritten, da sich viele Menschen davon belästigt fühlen, zum einen durch die Optik, zum anderen auch durch die Geräuschentwicklung. Vielleicht ist es aber nur ein Gewöhnungsprozess, denn an die anfangs ungewohnten Windmühlen hatten sich die Anwohner vor mehr als 100 Jahren auch nach einer gewissen Zeit gewöhnt. Ab einem Abstand von mehr als 250 m zu einer Windkraftanlage soll das Geräusch nur noch der Lautstärke eines ruhigen Gesprächs entsprechen.

Am Rotorblatt überqueren Sie nun eine Straße und wandern auf der gegenüberliegenden Seite rechts hoch auf einen Wirtschaftsweg. So erreichen Sie der Markierung folgend das Holzhackschnitzelheizwerk Lieberhausen. Das Bio-Energiedorf mit seinen ca. 300 Einwohnern wird fast vollständig unter Verwendung von Holz mit Heizwärme und Warmwasser versorgt.

Der Weg führt über das Betriebsgelände und direkt im Anschluss zu einem Picknickplatz mit schöner Fernsicht. Von hier aus führt Sie eine Straße wieder bergab, dann geht es links auf einem Wiesenweg weiter bergab bis zum Bio-Gut Rosenthal der Familie Gauer und ihrem Blockheizkraftwerk ❺.

Vom Hof aus überqueren Sie die Straße und wenden sich nach links, wo unterhalb der Straße für ca. 500 m ein schmaler, holpriger Wiesenpfad verläuft.

↳ Sie können dieses Teilstück (speziell mit Buggy) umgehen bzw. umfahren, indem Sie die Straße oberhalb des Weges nehmen. Dann ist allerdings Vorsicht geboten, da es keinen Gehweg gibt.

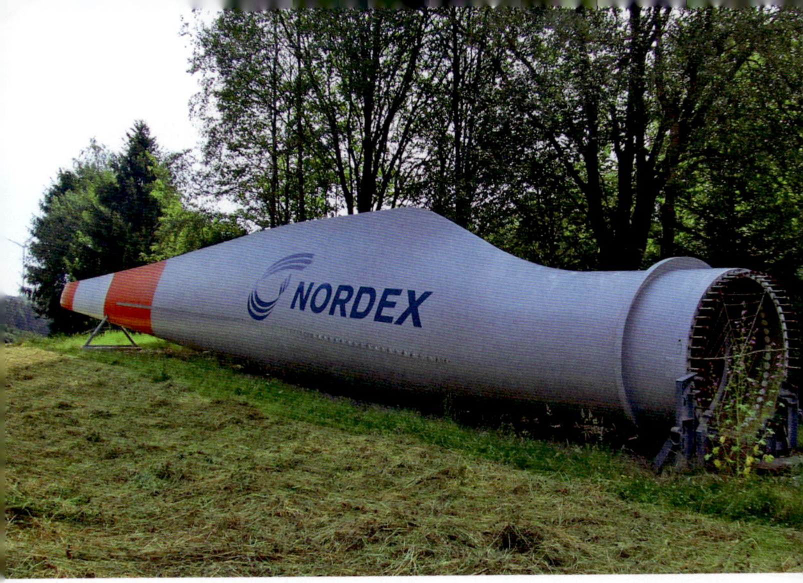

Rotorblatt

Die Straße und der Wiesenweg treffen an der Abzweigung Rosenthalseifen wieder zusammen. Hier gehen Sie dann weiter nach rechts bergab durch die kleine Ortschaft, überqueren geradeaus einen Hof und gelangen so wieder in die Natur. An der kommenden ⩆ Rastbank (km 8,3) wenden Sie sich nach rechts und folgen dem asphaltierten Weg entlang des Rengsebachs. Nach ca. 150 m gehen Sie an der Weggabelung nach links, wandern weiter am Bach entlang und überqueren ihn kurz darauf über einen Holzsteg. Sie begleiten die Rengse auf einem höher gelegenen Forstweg. Nach einer Weile schließen Sie den Kreis (km 10,2) und treten den Rückweg auf dem Uferweg der Talsperre an. Genießen Sie die Nähe zum Wasser und legen Sie noch eine letzte Rast ein, bevor Sie schließlich Ihren Ausgangspunkt am Wanderparkplatz der Aggertalsperre wieder erreichen.

⑪ Feuer&Flamme-Weg – Bergneustadt

Tour für Naturliebhaber und „Feuer"-Interessierte

Die Wanderung startet in der historischen Altstadt von Bergneustadt, die im Laufe der Jahrhunderte bereits siebenmal ganz oder teilweise den Flammen zum Opfer fiel und dennoch sehr viel Charme besitzt. Der Weg führt Sie in die Wälder rund um Bergneustadt, bietet ordentliche Steigungen und belohnt Sie durch herrliche Ausblicke. Unterwegs stoßen Sie auf Geschichten rund um das Thema Feuer und Feuerwehr. Außerdem können Sie vom Aussichtsturm Auf dem Knollen einen wunderbaren Ausblick genießen.

Start/Ziel: Heimatmuseum, Wallstraße 1, 51702 Bergneustadt, GPS N 51°01.285' E 007°38.936'

12 km

3 Std. 30 Min. bis 4 Std.

388 m/388 m

230-475 m

11 (weiße Zahl auf rotem Grund), Wegweiser an allen Abzweigungen

verkehrsarme Straßen, Wirtschaftswege und teils matschige Waldwege, siehe Anmerkung zum Landschaftsbild im Wandel – ☞ Seite 13

Phönix-Hotel (km 11,1) am Wochenende, weitere Einkehrmöglichkeiten in Bergneustadt

> 10 Rastbänke verteilt über die Wegstrecke, Picknickplatz an Kreuzkirche (km 3,5), Schutzhütte (km 6,6), Picknickplatz am Aussichtsturm (km 9,1)

Am Rathausvorplatz von Bergneustadt (km 0,4) finden Sie Einkaufsmöglichkeiten.

Die Strecke ist relativ lang und aufgrund des ausgeprägten Höhenprofils recht anspruchsvoll.

Dieser Weg ist nicht für die Mitnahme eines Buggys geeignet.

Der Untergrund besteht hauptsächlich aus Wald- und Schotterwegen und einigen Straßenstücken. Eine Trinkmöglichkeit bietet sich zwischen km 3,5 und km 3,9 an einem Bach.

Es gibt kostenfreie Parkplätze in der Kirchstraße, ca. 100 m vom Start/Ziel entfernt.

Von Köln Hbf fahren Sie mit dem Zug RE25 bis Gummersbach Bahnhof und von dort mit der Buslinie 301 bis zum „Graf-Eberhard-Platz" in Bergneustadt.

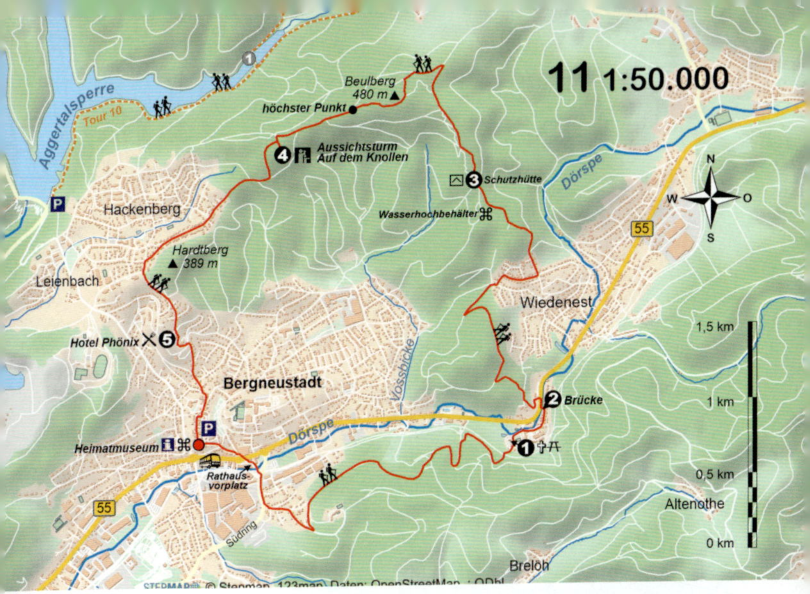

Sie starten Ihre Wanderung am ⌘ Heimatmuseum, das zugleich die Touristeninformation beherbergt. Das Museum lockt seine Besucher mit einer Vielzahl an Exponaten aus dem 19. und 20. Jahrhundert und bietet eine der größten Feuerwehrhelm-Dauerausstellungen Deutschlands.

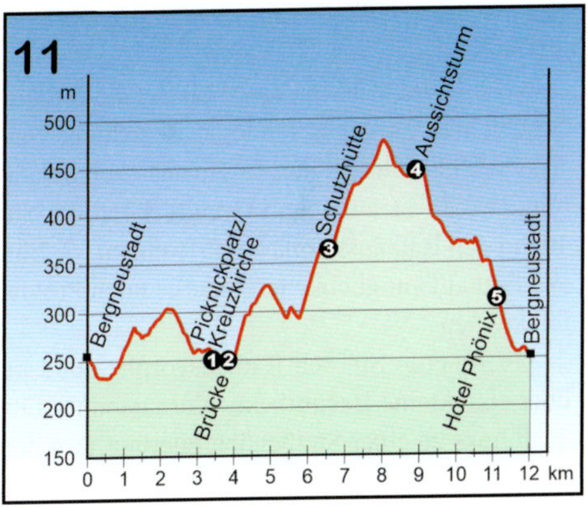

⌘ Museum und Touristeninformation Bergneustadt, Wallstraße 1, 51702 Bergneustadt,
☏ 022 61/431 84, www.heimatmuseum-bergneustadt.de,
Di bis So 11:00-17:00

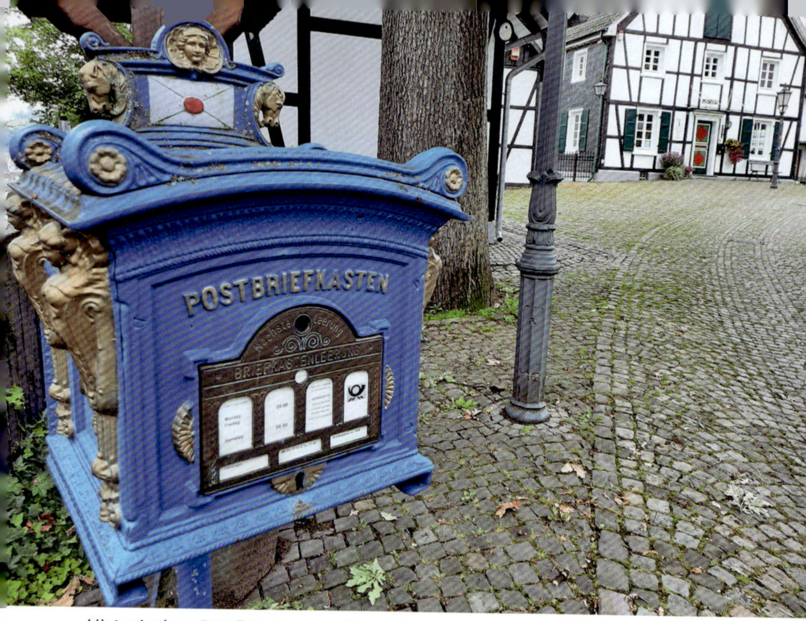

Historischer Briefkasten am Heimatmuseum

Neben dem Museum erwarten Sie die Infotafeln A und B mit den ersten Geschichten zu der besonderen Beziehung von Bergneustadt zum Feuer. Wenden Sie sich von den Tafeln aus nach links und folgen Sie der Markierung (weiße 11 auf rotem Grund) durch die Stadt. So erreichen Sie nach 400 m den Rathausvorplatz mit Brunnen, Bänken, einem Spielplatz und Einkaufsmöglichkeiten, wo Sie noch Proviant für die Wanderung kaufen können.

Überqueren Sie den Rathausvorplatz und gehen Sie dann nach rechts über eine kleine Bachbrücke. Kurz dahinter führt Sie der Streifzug weiter nach links zu einer Straßenüberquerung. Auf der gegenüberliegenden Straßenseite gehen Sie auf dem Fußweg rechts bergan und nach ca. 200 m laufen Sie links über zwölf Stufen hinauf zu einer verkehrsarmen Straße. Folgen Sie dieser nun weiter bergauf, passieren Sie an einer Kreuzung eine Bank mit Abfalleimer und gehen Sie weiter geradeaus.

Bei km 1,2 führt Sie die Markierung nach links auf einen Wirtschaftsweg und weiter stetig bergan.

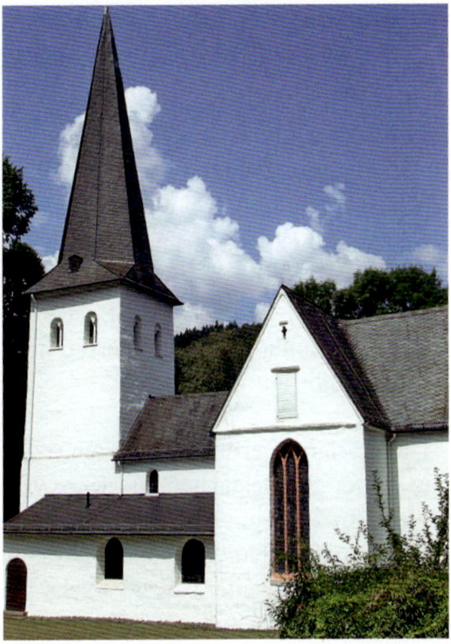

Bunte Kerke

Sie wandern einen guten Kilometer, können immer wieder einen Blick auf Bergneustadt werfen und stoßen dann auf eine Straße (km 2,4), der Sie links hinunter folgen. Wenige Hundert Meter weiter (km 2,9) biegen Sie rechts in einen Wirtschaftsweg ein und nach weiteren 400 m wenden Sie sich vor der nächsten ⛼ Bank (km 3,3) nach links auf einen schmalen, holprigen Waldweg und überqueren in der Folge eine alte Bahntrasse. Gleich dahinter erreichen Sie den Außenbezirk der Ortschaft Wiedenest mit einem ⛼ Picknickplatz ❶ (km 3,5) an der ✞ Kirche. Die offene Kirche ist eine der fünf sogenannten „Bunten Kerken“ im Bergischen Land. Es handelt sich um eine Kreuzkirche aus dem 13. Jahrhundert, deren Decken und Wände im Mittelalter mit Malereien verziert wurden.

✞ evangelische Kreuzkirche Wiedenest, Martin-Luther-Straße 1, 51702 Bergneustadt, 💻 www.kirche-wiedenest.de, 🚪 täglich 9:00-18:00

An der Kirche rechts führt Sie der Weg nun entlang des Dörspebachs über eine Straße durch Wohngebiet. Bei km 3,9 biegen Sie, der Markierung folgend, links in einen schmalen Fußweg ab und gehen über eine kleine Brücke ❷. So erreichen Sie den Gehweg an der Landstraße. Dort wenden Sie sich nach rechts und nach ca. 50 m überqueren Sie die Straße, um dann über den gegenüberliegenden Weg bergan in den Wald zu wandern. Kurze Zeit später (km 4,2) gehen Sie rechts auf einem schmalen, wurzeldurchsetzten Weg weiter steil bergauf und erreichen so einen breiten Wirtschaftsweg (km 4,5).

Hier wenden Sie sich nach rechts, folgen weiter der Markierung, streifen das Wohngebiet von Wiedenest und können dann an einer Steigung eine Rast einlegen. Es wartet eine Bank (km 6,2) mit einer schönen Aussicht auf Sie, bevor Sie weiter bergauf wandern.

Unterwegs kommen Sie an einem Wasserhochbehälter (km 6,5) vorbei.

Wasserhochbehälter findet man in bergigen Regionen. Im Flachland erfüllen Wassertürme denselben Zweck. Sie sind für den Wasserdruck zuständig und sorgen so dafür, dass das Wasser der Schwerkraft folgend in unseren Wohnungen und Häusern aus der Leitung fließt, sobald der Wasserhahn geöffnet wird.

Kurz darauf erreichen Sie eine Schutzhütte ❸ (km 6,65). Wandern Sie weiter geradeaus bergauf. Kurz vor dem Ende der Steigung lädt eine Bank (km 7,5) zum Ausruhen ein, bevor Sie ca. 150 m nach der Bank links abbiegen. Auf dem folgenden Wiesenpfad haben Sie eine wunderbare Fernsicht. Der weitere Weg ist sehr schmal und holprig.

Sie erreichen kurz darauf den höchsten Punkt Ihrer Wanderung und erfahren unter anderem etwas über die Geschichte der Feuersalamander und den Aberglauben, der früher um diese Tiere rankte. Eine Bank (km 8,2) erwartet Sie an der Gedenkstätte für die Bergneustädter Bürger, die nicht aus dem Zweiten Weltkrieg zurückgekehrt sind. Wandern Sie durch die Natur und folgen Sie der Markierung, biegen Sie nach links auf einen Wirtschaftsweg und an der folgenden Wegkreuzung (km 9) nochmals nach links ab. Sie passieren einen Picknickplatz (km 9,1), zu dem Sie nach einem Abstecher zum Aussichtsturm ❹ wieder zurückkehren.

Aussichtsturm Auf dem Knollen: Von der Aussichtsplattform in beinahe 27 m Höhe kann man bei klarem Wetter im Westen bis zur Rheinebene und im Süden bis zum Westerwald sehen. Obwohl der Turm hauptsächlich für touristische Zwecke errichtet wurde, wird er bei akuter Waldbrandgefahr auch zur Überwachung der Waldgebiete rund um Bergneustadt genutzt.

Wieder zurück am Picknickplatz wenden Sie sich nun nach links in einen schmalen Wald-/Wiesenweg, der für ca. 300 m steil bergab führt. Dann wandern Sie weiter nach rechts auf einen breiten Wirtschaftsweg (km 9,5), passieren eine Rastbank (km 9,7) und kommen kurz darauf im Ortsteil Hackenberg (km 9,9) an.

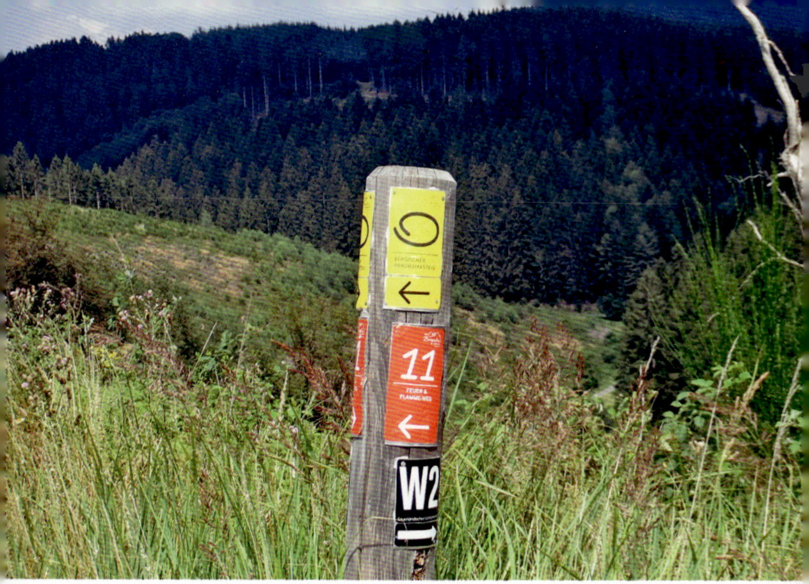

Wegmarkierung

Folgen Sie der Markierung durch den Ort und wenden Sie sich bei km 10,7 rechts auf einen schmalen Pfad, auf dem es erneut bergab geht. So erreichen Sie nach ca. 300 m wieder eine Straße, die weiter steil bergab führt. Sie passieren das ehemalige Feuerwehrerholungsheim, das heute Hotel und Tagungszentrum ❺ ist, ein ✕ Restaurant beherbergt und Feuerwehrleute immer noch besonders herzlich willkommen heißt.

✕ Phönix-Hotel, Am Räschen 2, 51702 Bergneustadt, ☏ 022 61/948 60, 💻 www.phoenix-hotel.de, 🚪 Sa u. So 12:00-22:00

Sie wandern die Straße weiter bergab und erreichen wieder den historischen Ortskern von Bergneustadt. Unterwegs passieren Sie noch einige ⩩ Bänke. Durch die urigen Gassen gehen Sie zurück zu Ihrem Ausgangspunkt am Heimatmuseum. Die Kopfstein gepflasterte Hauptstraße hält verschiedene gastronomische Angebote für Sie bereit. Und am Losemundbrunnen können Sie noch „Minchen und Jettchen" kennenlernen, die immer für den neuesten Klatsch und Tratsch gut sind.

12 Wacholderweg – Eckenhagen

Tour für Naturliebhaber

Dieser relativ kurze Weg führt Sie in eine für das Oberbergische inzwischen untypische Landschaft, die Wacholderheide. Sie werden von einer ungewöhnlichen Vegetation mit mystischer Ausstrahlung überrascht und können sich zusätzlich an herrlichen Weitblicken erfreuen. Zunächst wandern Sie ausschließlich bergan, genießen oben die Aussicht und werden anschließend mit schönen Wegen durch die Natur und leichtem Gefälle belohnt.

Start/Ziel: Wanderparkplatz Landwehrstraße, 51580 Reichshof-Eckenhagen, GPS N 50°59.403' E 007°42.078'

5,5 km

2 Std.

155 m/155 m

367-492 m

12 (weiße Zahl auf rotem Grund), Wegweiser an allen Abzweigungen

hauptsächlich Forstwege, viel Schotter, siehe Anmerkung zum Landschaftsbild im Wandel – Seite 13

Es gibt unterwegs keine Einkehrmöglichkeit.

ca. 10 Rastbänke entlang des Weges in regelmäßigen Abständen, Schutzhütte (km 0,9)

Die Route führt über breite Wald- und Wirtschaftswege, geht zunächst nur bergauf und im zweiten Teil hauptsächlich bergab. Ihre Kinder können auf Entdeckungsreise in die Natur gehen, wilde Himbeeren sammeln und die mystischen Wacholdergewächse bestaunen, ohne auf Straßenverkehr achten zu müssen.

Die Wege sind zum Teil steinig und etwas holprig, aber insgesamt für die Mitnahme eines Buggys geeignet.

Der Untergrund ist abwechslungsreich. Sie überqueren ein kleines Bächlein (km 4,5), das eine Trinkmöglichkeit bietet.

Wanderparkplatz Landwehrstraße

Von Köln Hbf fahren Sie mit dem Zug RE25 bis Gummersbach und von dort weiter mit der Buslinie 303 bis Eckenhagen, Haltestelle „Kurpark“, wenden sich nach kurzer Zeit nach links in die Barbarossastraße und von dort aus auf die Landwehrstraße zum Wanderparkplatz.

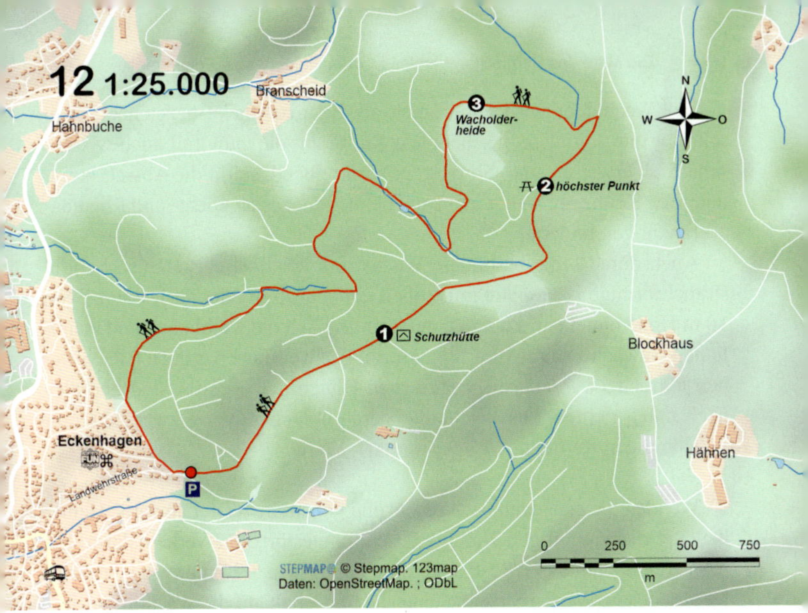

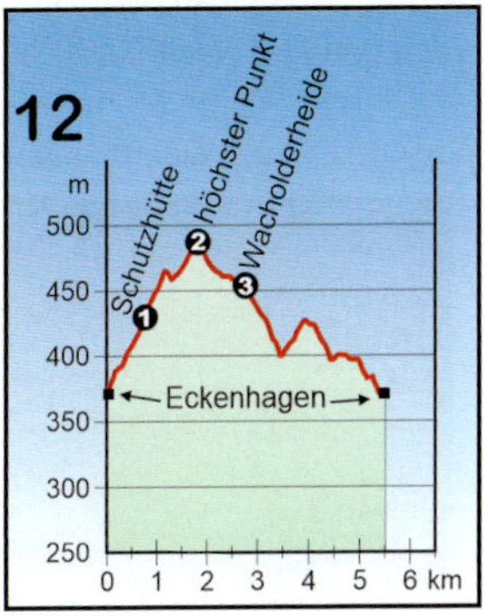

Vom Wanderparkplatz Landwehrstraße aus geht es über einen breiten Wirtschaftsweg direkt bergauf. Schon nach 200 m wartet eine erste ⩩ Rastbank auf Sie. An der folgenden Wegkreuzung passieren Sie eine weitere ⩩ Bank (km 0,7), wandern weiter geradeaus bergan und erreichen kurz darauf eine ⌂ Schutzhütte ❶ (km 0,9).

Wilde Himbeeren säumen rechts und links den Weg und versüßen den Anstieg. Die nächste ⩩ Rastbank (km 1,5) lädt zu einer Pause ein. Schon bald erreichen Sie den höchsten Punkt dieses Streifzugs in einer Höhe von 492 m ❷ und können auch hier noch einmal verschnaufen ⩩ (km 1,8). Sie folgen nun weiter der Markierung und gehen leicht bergab.

An der folgenden ⩩ Rastbank (km 2,6) erreichen Sie die Branscheider Wacholderheide ❸. Lassen Sie sich verzaubern von der besonderen Ausstrahlung dieser Gewächse.

Der Wacholder wird gerne auch als Baumapotheke bezeichnet. Man schreibt ihm seit alters her heilende Kräfte zu, die zum Teil auch wissenschaftlich erwiesen sind. So wirkt er harntreibend, stärkt die Abwehrkräfte und tötet Keime ab. Außerdem kann er als Badezusatz Gicht- und Rheumaerkrankungen lindern.

Auch durch seine besondere Wuchsform zeichnet er sich aus. Es gibt strauchförmige Exemplare mit Höhen von 3 bis 5 m oder auch Bäume von 10 m Höhe und mehr. Zudem unterscheiden sich die weiblichen und männlichen Gewächse durch ihre Blütenform. Die weiblichen grünen Blüten stehen aufrecht, während die männlichen Blüten gelb gefärbt sind und sich nach unten richten. Die Wacholderbeeren brauchen ganze zwei Jahre zur vollständigen Reifung.

Wenden Sie sich dann nach rechts und gehen Sie weiter abwärts. Genießen Sie die vielfältigen Naturgeräusche ungestört von Verkehrslärm. Sie passieren nochmals ⩫ Rastbänke (km 3,5 und km 3,95) und wandern weiter geradeaus. Werfen Sie noch einen letzten Blick auf die Wacholderheide, bevor Sie sich an der nächsten ⩫ Bank (km 4,2) nach rechts bergab wenden und das Wacholdergebiet hinter sich lassen.

Rastbänke gibt es in regelmäßigen Abständen

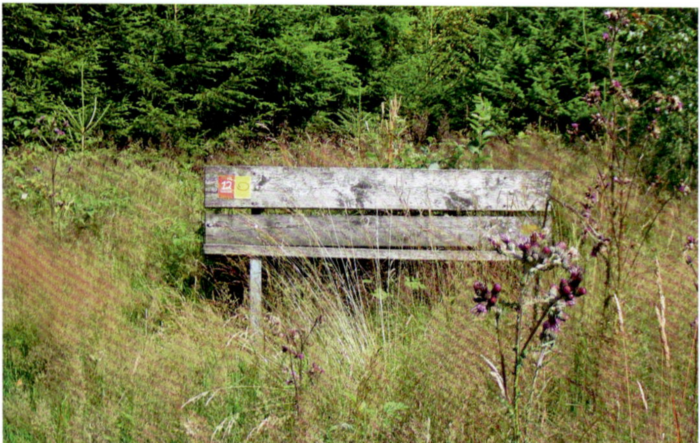

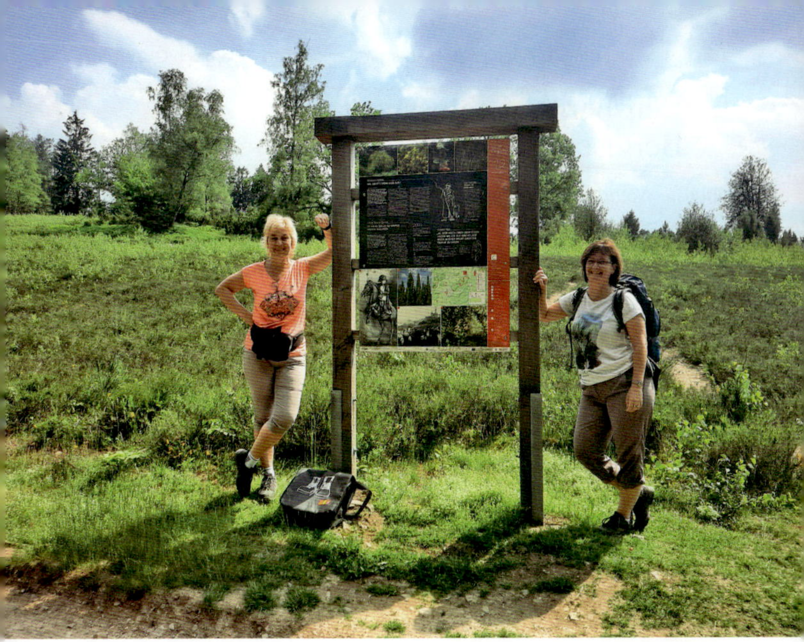

Wanderinnen auf dem Wacholderweg

Folgen Sie nun weiter der Markierung, überqueren Sie bei der kommenden ⛺ Rastbank (km 4,5) links ein Bächlein und wenden Sie sich kurz darauf nach rechts in einen Wiesen-/Waldweg.

Sie folgen dem Streifzug und erreichen so die Ausläufer von Eckenhagen. Eine letzte ⛺ Bank (km 5,2) lädt zum Verweilen ein, bevor Sie dann zu Ihrem Ausgangspunkt am Wanderparkplatz zurückkehren.

Eckenhagen bietet diverse Freizeitmöglichkeiten, die Sie im Anschluss an Ihre Wanderung noch nutzen können. Dazu zählen u. a. der Affen- und Vogelpark und das „monte mare".

🐘 Affen- und Vogelpark Eckenhagen, Am Bromberg, 51580 Reichshof Eckenhagen, ☏ 022 65/87 86, 💻 https://affen-und-vogelpark.de, 🚪 täglich 9:00-19:00

🏊 monte mare Reichshof Eckenhagen, Hahnbucher Straße 21, 51580 Reichshof, ☏ 022 65/99 74 00, ✉ reichshof@monte-mare.de, 💻 https://www.monte-mare.de/reichshof, 🚪 Sportbad Mo-Do 14:00-19:00, Fr 10:00-23:00, Sa 10:00-22:00, So 10:00-20:00

⑬ Bensberger Schlossweg – Bergisch Gladbach

Tour für Naturliebhaber und Geschichtsinteressierte

Dieser leichte bis mittelschwere Rundweg bietet jede Menge Abwechslung. Unterwegs entdecken Sie unterschiedliche Schlösser und Burgen aus der Zeit vom Mittelalter bis in die Moderne, erfahren beim Besuch der Lazarettfriedhöfe etwas über die deutsch-französischen Kriege und können die Waldpassagen mit üppiger Natur genießen.

Start/Ziel: Rathaus Bensberg, Wilhelm-Wagener-Platz, 51429 Bergisch Gladbach, GPS N 50°57.900' E 007°09.739'

10 km

3 Std.

247 m/247 m

125-219 m

13 (weiße Zahl auf rotem Grund), Wegweiser an allen Abzweigungen

überwiegend breite Waldwege, Asphaltpassagen und kurze Strecken über wurzeldurchsetzte Pfade

Naturfreundehaus Hardt (km 5)

zahlreiche Rastbänke (> 10) in regelmäßigen Abständen, Schutzhütten bei km 2,2, km 5,4 und km 6,1

Der Weg führt hauptsächlich über Waldwege und durch verkehrsarme Bereiche, birgt jedoch einige wenige steile Anstiege und Waldpassagen mit Wurzelwerk. Die Anstrengungen werden belohnt durch vielfältige Entdeckungsmöglichkeiten, wie z. B. Wasservögel auf den Teichen oder auch eine Milchtankstelle.

Es gilt einige Teilstücke mit schmalen Waldwegen und ausgeprägtem Wurzelwerk auf den Wegen sowie einige Stufen zu überwinden, sodass das Mitführen eines Buggys nicht angeraten ist.

Der Weg kreuzt an verschiedenen Stellen Bachläufe, sodass es für die Hunde immer wieder Möglichkeiten zum Trinken gibt, und führt hauptsächlich über Waldwege und durch verkehrsarme Zonen.

In unmittelbarer Nähe zum Start gibt es verschiedene kostenpflichtige Parkplätze.

Von „Köln Bf-Deutz/Messe“ fahren Sie mit der Straßenbahn Linie 1 bis zur Endstation „Bensberg“ und gehen von dort aus ca. 300 m zum Rathaus.

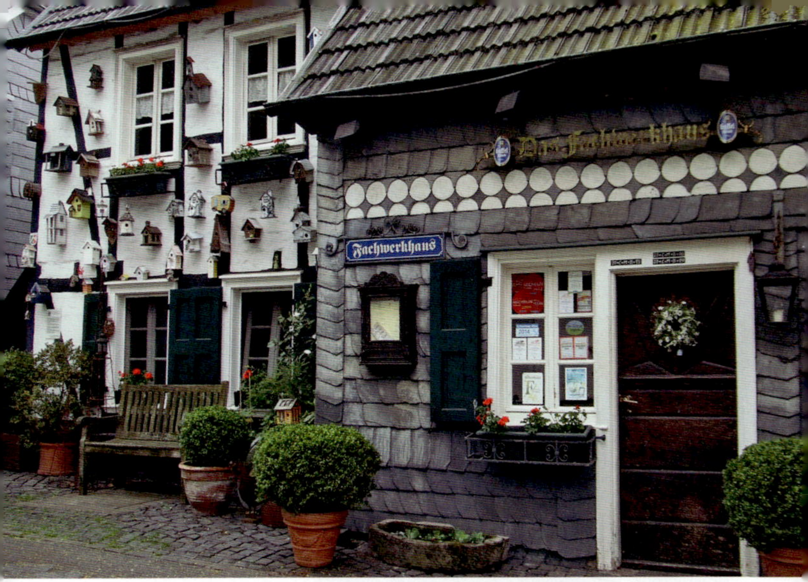

Auf dem Bensberger Schlossweg

♜ ⌘ Bevor es losgeht, haben Sie bereits die Gelegenheit, die erste Burg zu bestaunen. Hier prallen Mittelalter und Moderne aufeinander. Das 1969 von Gottfried Böhm neu gestaltete Bensberger Rathaus verbindet die Altbauten der Burg mit Glas und Beton. Im Volksmund wird das Gebäude auch Affenfelsen genannt.

♦ Rathaus Bensberg, Wilhelm-Wagener-Platz, 51429 Bergisch Gladbach, ☏ 022 02/14 13 59, ✉ tourismus@stadt-gl.de, 💻 www.bergischgladbach.de/tourismus.aspx, 🚪 die aktuellen Öffnungszeiten entnehmen Sie bitte der Webseite.

☺ Der Architekt Gottfried Böhm, der als bislang einziger deutscher Architekt den Pritzker-Preis erhielt, hat deutliche Spuren in Bergisch Gladbach hinterlassen. Gleich vier seiner Entwürfe finden sich in der Stadt und verhalfen Bergisch Gladbach zu Bekanntheit über die Grenzen der Region hinaus. Neben dem Rathaus Bensberg finden sich noch folgende von Böhm gestaltete Bauwerke in Bergisch Gladbach:

▷ Bürgerhaus Bergischer Löwe, Konrad-Adenauer-Platz, 51465 Bergisch Gladbach, ☏ 022 02/29 46 10, ✉ info@bergischerloewe.de, 💻 www.bergischerloewe.de

▷ Bethanien Kinder- und Jugenddorf, Neufeldweg 26, 51427 Bergisch Gladbach, ☏ 022 04/200 20, ✉ bgladbach@bethanien-kinderdoerfer.de, 💻 www.bethanien-kinderdoerfer.de/kinderdoerfer/bergisch-gladbach

▷ Herz-Jesu-Kirche Schildgen, Altenberger-Dom-Straße 140, 51467 Bergisch Gladbach, ☏ 022 02/812 30

Mit den beiden Startinfotafeln im Rücken wenden Sie sich nach rechts und gehen die Straße hoch Richtung Bensberger Schloss. Sie wandeln über Kopfsteinpflaster zur imposanten Einfahrt des heutigen Grandhotels.

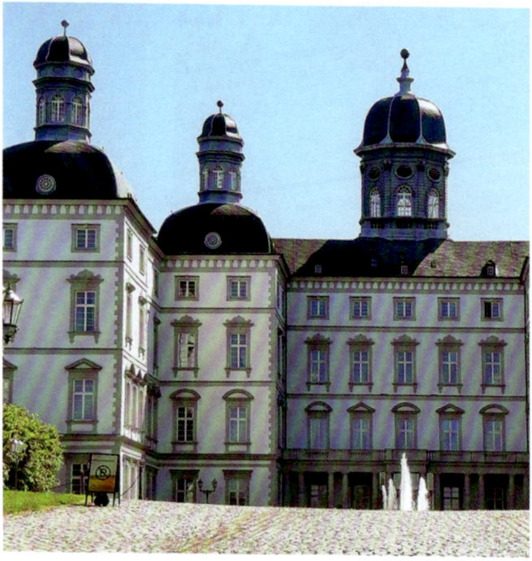

Bensberger Schloss

Das Schloss blickt auf eine bewegte Geschichte zurück, die Anfang des 18. Jahrhunderts begann. Aus dem Schloss wurde zunächst ein Lazarett der kaiserlich-österreichischen Truppen. Kurz darauf nutzten die französischen Besatzer das Gebäude, wechselweise als Militärlazarett und als Sitz des französischen Befehlshabers. Nach dem Abzug der Franzosen wurde es zum preußischen Militärlazarett und dann zur preußischen Kadettenanstalt. Die nächsten Stationen waren eine Kaserne, eine Notunterkunft und das Bürgermeisteramt. Dann folgten eine Nationalpolitische Erziehungsanstalt der Nationalsozialisten und nach dem Krieg ein Internat für die belgischen Streitkräfte. Im Jahr 2000 wurde es dann nach umfangreichen Bauarbeiten als Luxusherberge Grandhotel Schloss Bensberg eröffnet.

Es bietet sich ein Abstecher zum Schloss an. Gehen Sie rechts die großzügige Einfahrt hoch, um die herrliche Fernsicht Richtung Köln aus den Schlossgärten zu genießen.

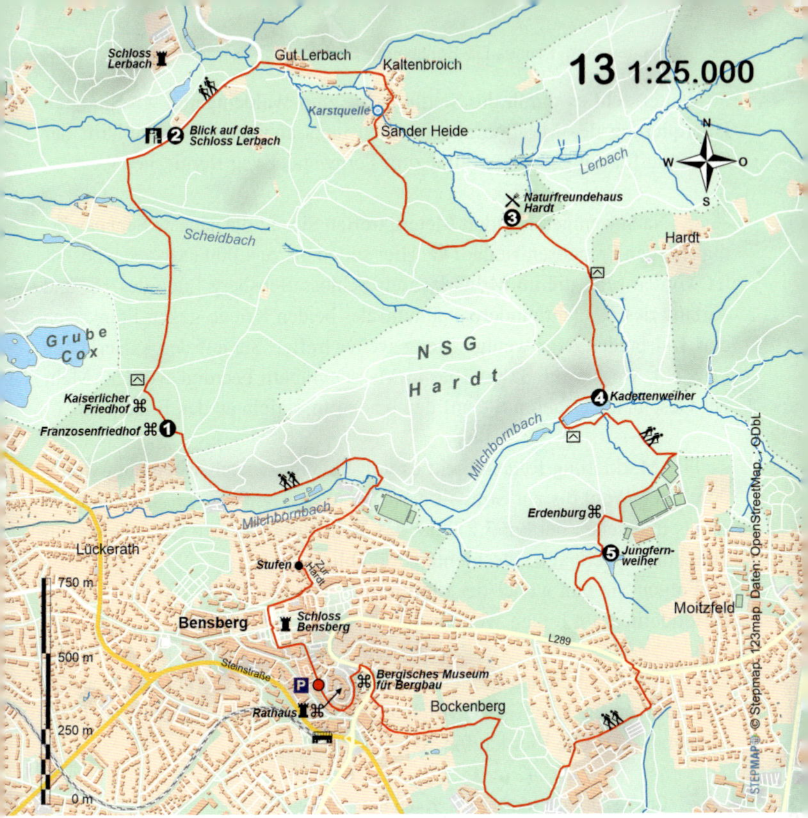

Nach dem Abstecher führt Sie der Weg weiter um die Außenmauern des Schlosses herum bis zur Straße Zur Hardt. Hier folgen Sie der Markierung nach links bis zum Ende der Sackgasse, wo ein schmaler Weg zwischen den Häusern 30 Stufen abwärts führt.

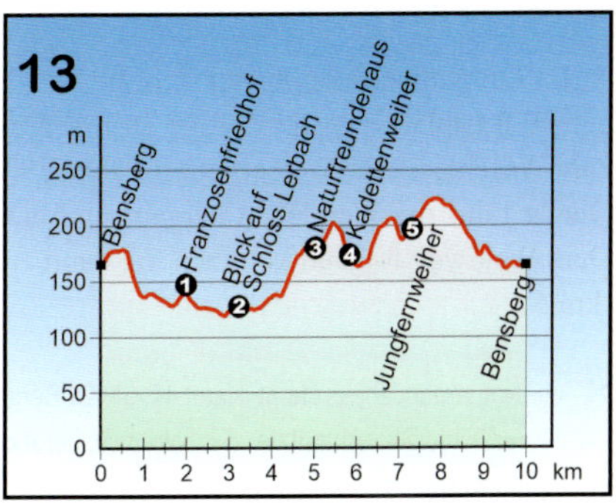

Weiter geht es durch die Siedlung bis zum Waldeingang, wo Sie nach Überquerung des Milchbornbachs nach links abbiegen. Nun verläuft der Streifzug für einige Zeit parallel zum Fernwanderweg Bergischer Weg.

⌘ Nach wenigen Hundert Metern treffen Sie auf die nächste Sehenswürdigkeit, den Franzosenfriedhof ❶. Hier sollen bis zu 4.000 Franzosen bestattet worden sein, die im Militärlazarett Schloss Bensberg Ende des 18. und Anfang des 19. Jahrhunderts während der beiden Kriege gegen Frankreich den Tod fanden. Nur wenige Meter weiter treffen Sie auf den kaiserlichen Friedhof, wo um die 3.000 Tote in Massengräbern beerdigt wurden. Mehr zur Geschichte erfahren Sie auf den beiden Infotafeln an den Friedhöfen.

Der Markierung folgend geht es von Vogelgezwitscher begleitet weiter durch den Wald bis zur Straße Lerbacher Weg. Hier wenden Sie sich nach rechts und sehen bei km 3,2 links das ♜ Schloss Lerbach ❷, welches auf eine jahrhundertealte Geschichte zurückblickt.

Folgen Sie nun weiter der Markierung. Bei km 3,6 treffen Sie auf eine Besonderheit am linken Wegesrand.

☺ Am Gut Lerbach gibt es eine Milchtankstelle. Sie können hier täglich rund um die Uhr frische Milch am Milchautomaten zapfen. Außerdem können Sie frische Eier kaufen.

Gut Lerbach, Oberlerbach 5, 51465 Bergisch Gladbach, info@gut-lerbach.de, www.gut-lerbach.de

Im Ort Kaltenbroich bietet sich die Karstquelle (km 4,2) als schattiger Rastplatz an. Der dortige Brunnen diente den Kaltenbroichern bis zum Anschluss ans Wassernetz im Jahr 1955 als Dorfbrunnen. Nach der Quelle führt der Weg leicht bergauf und biegt dann links in den Wald ab. Dem Waldweg folgend kommen Sie dann zum Naturfreundehaus Hardt ❸ (km 5).

✕ Naturfreundehaus Hardt, Hardt 44, 51429 Bergisch Gladbach, ☏ 022 04/300 75 41, info@haushardt.de, www.haushardt.de, Mi-So 11:30-18:00, Mo u. Di geschlossen

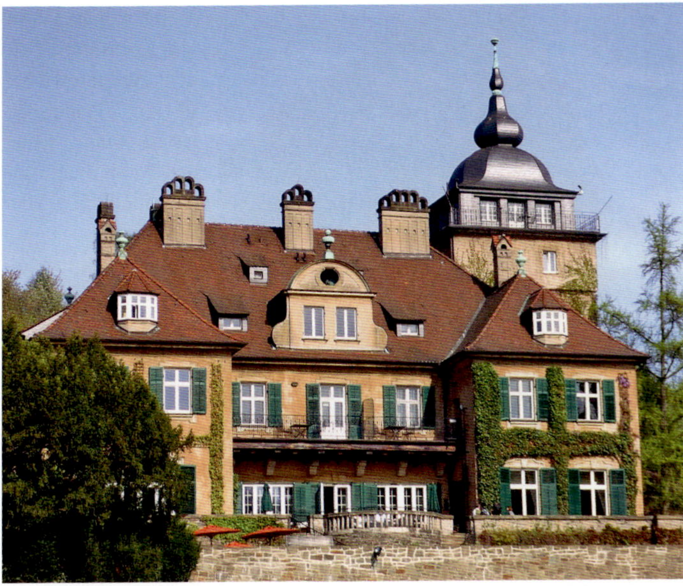

Schloss Lerbach

Rechts am Naturfreundehaus vorbei gehen Sie den teilweise asphaltierten Streifzug über wenige Hundert Meter leicht bergan an einer ⌂ Schutzhütte (km 5,4) vorbei bis zu einer Kreuzung. Diese überqueren Sie geradeaus und wenden sich im Wald hinter der Kuppe nach rechts auf einen schmalen Pfad, der über unebene Passagen bergab zum Kadettenweiher ❹ führt. Hier sollen in früheren Zeiten junge Kadetten schwimmen gelernt haben.

Rund um den idyllisch gelegenen See finden Sie ⩩ Rastbänke und auch eine ⌂ Schutzhütte (km 6,1). Hinter der Schutzhütte führt der Weg über ausgeprägtes Wurzelwerk links weiter in den Wald.

⌘ Bei km 7 treffen Sie auf eine Infotafel zur Erdenburg. Sie ist Zeichen der frühgeschichtlichen Besiedelung der Region und inzwischen kaum noch zu erahnen. Im Winter lässt sich das Wall- und Grabensystem am ehesten erkennen.

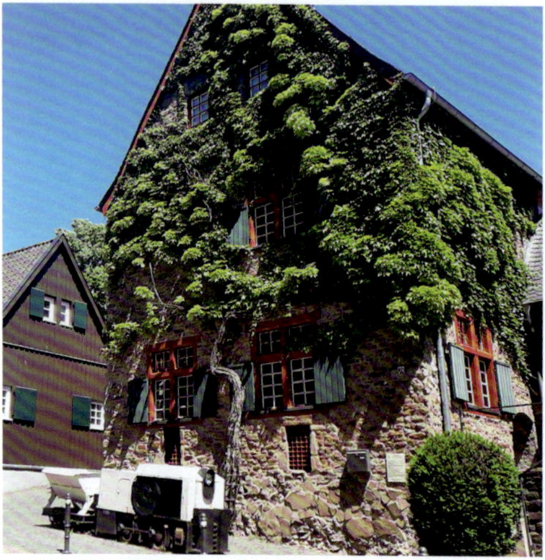

Bergisches Museum

Im weiteren Verlauf passieren Sie den Jungfernweiher ❺ (km 7,4) und verlassen wenig später den Wald. Sie treffen auf eine Straße. Hier wenden Sie sich nach links und an der folgenden T-Kreuzung erneut nach links. Folgen Sie der Markierung durch die Siedlung und Sie erreichen nach kurzer Zeit eine Outdoorfreizeitanlage mit Rastliegen und Fitnessgeräten. Genießen Sie die fantastische Fernsicht Richtung Köln. Nun führt Sie der Streifzug in einem großen Bogen am Rande der Wiesen bergab. Unterwegs ergeben sich imposante Ausblicke auf den „Affenfelsen" und das Schloss Bensberg.

Zurück im Zentrum von Bensberg führt Sie der Weg durch das historische Viertel und kurz vor dem Ende des Rundweges passieren Sie noch ein Museum, das sich für einen Abstecher in die bergische Geschichte anbietet. Zu festgelegten Zeiten, die Sie im Museum erfragen können, werden auch handwerkliche Vorführungen geboten.

⌘ Bergisches Museum für Bergbau, Handwerk und Gewerbe, Burggraben 19, 51429 Bergisch Gladbach, ☏ 022 02/14 15 55,
✉ kontakt@bergisches-museum.de, 💻 www.bergisches-museum.de,
Di-Fr 9:00-14:00, Sa u. So 11:00-17:00, Mo geschlossen

Nach diesem Ausflug in die Vergangenheit erwarten Sie noch einige schön restaurierte historische Gebäude, bevor sich die Runde am Ausgangspunkt vor dem Rathaus wieder schließt.

⑭ Höhlenweg – Engelskirchen-Ründeroth

Tour für Naturliebhaber und Höhlenfreunde

Auf diesem Themenweg bekommen Sie an Infotafeln und Audiostationen interessante Fakten über die faszinierende Welt der Höhlen vermittelt. Sie wandern am Windloch, der größten Höhle Nordrhein-Westfalens, vorbei und können die eindrucksvolle Aggertalhöhle besichtigen. Waldwege durch Naturschutzgebiete und tolle Ausblicke vom Haldyturm ins Aggertal runden diesen abwechslungsreichen Streifzug ab.

- Start/Ziel: Engelskirchen-Ründeroth, Bahnhof, Bahnhofstraße, GPS N 51°59.989‘ E 007°45.086‘
- 8,1 km
- 3 Std.
- 213 m/213 m
- 141-262 m
- 14 (weiße Zahl auf rotem Grund), Wegweiser an allen Abzweigungen
- Waldwege, steile, felsige Pfade sowie asphaltierte Wege, siehe Anmerkung zum Landschaftsbild im Wandel – Seite 13
- Unterwegs gibt es keine Einkehrmöglichkeiten. In Ründeroth finden Sie im Ortskern verschiedene Möglichkeiten.
- > 15 Rastbänke verteilt über die Wegstrecke, Picknickplatz und Liegebank mit Fernsicht am Haldyturm (km 2,1)
- Es handelt sich um einen Mausweg, d. h., auf den Infotafeln gibt es spezielle Informationen für Kinder im Grundschulalter. Der Weg ist sehr naturnah und bietet viele Entdeckungsmöglichkeiten.
- Der Weg ist für das Mitführen eines Buggys nicht geeignet.
- Der Weg führt teilweise am Aggerufer entlang sowie parallel des Walbachs, sodass es viele Trinkmöglichkeiten gibt. Der Untergrund wechselt zwischen Waldböden, Feldwegen und Straßen.
- Im Startbereich rund um den Bahnhof sind kostenfreie Parkplätze vorhanden.
- Von Köln Hbf fahren Sie mit dem Zug RE25 bis Engelskirchen-Ründeroth.

Engelskirchen genießt in der Vorweihnachtszeit eine besondere Aufmerksamkeit, denn hier wohnt das Christkind – das glauben zumindest viele. Es begann damit, dass Briefe ans Christkind aufgrund der fehlenden Adresse kurzerhand nach Engelskirchen gesendet wurden. Seit 1985 werden diese von der Deutschen Post beantwortet. Heutzutage erreichen im Jahr ca. 140.000 Briefe aus aller Herren Länder die eigens dafür eingerichtete Christkindpostfiliale in Engelskirchen.

Von den Engeln begeben Sie sich nun in die Höhlenwelt. Direkt vor dem Bahnhof steht die erste Infotafel. Hier ist gleichzeitig der Startpunkt dieses Rundweges. An der Infotafel A wenden Sie sich nach rechts, gehen die Straße bergab, überqueren an der Fußgängerampel die Hauptstraße und erreichen so den Kurpark, mit ⛼ Rastbänken, Brunnen und einer schönen Grünanlage. Nach Verlassen des Kurparks wenden Sie sich nach rechts, folgen der Markierung und erreichen so eine Fußgängerbrücke über die Agger. Diese überqueren Sie, verlassen damit die Ortschaft und beginnen Ihren Rundweg am Aggerufer entlang nach rechts. Passieren Sie lauschige ⛼ Rastbänke mit Blick auf die Agger und erfahren Sie an der nächsten Infotafel (km 0,8) mehr über die Höhlenentstehung und warum es darin häufig Fossilien zu finden gibt. Nur 200 m weiter erwartet Sie eine weitere Infotafel. Nun verlassen Sie das Flussufer und Ihr Aufstieg beginnt. An einer T-Kreuzung endet der schmale, steile Pfad und Sie wenden sich nach links der Markierung folgend auf einen breiten Wirtschaftsweg.

Eingang zum Kurpark

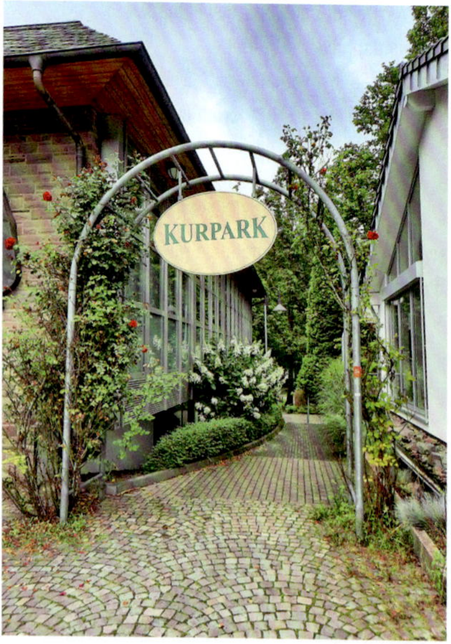

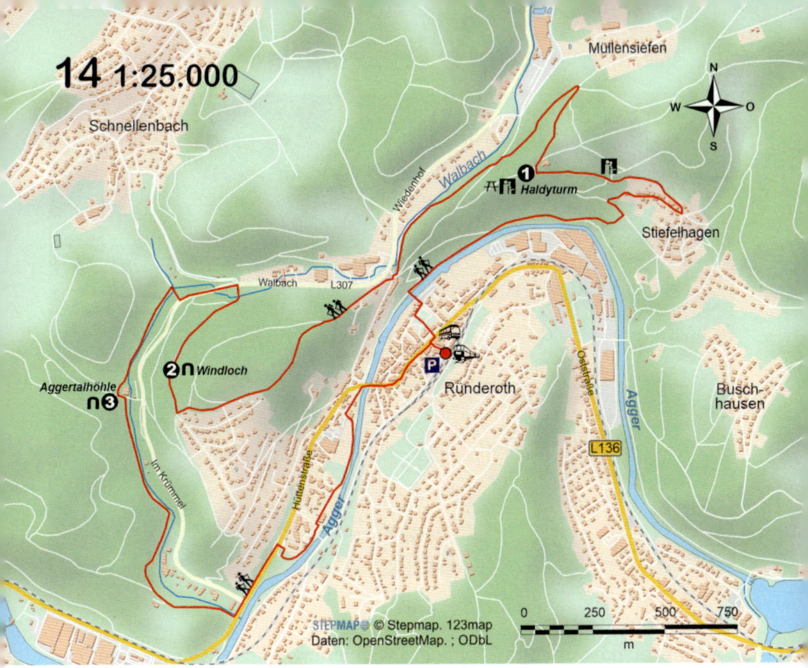

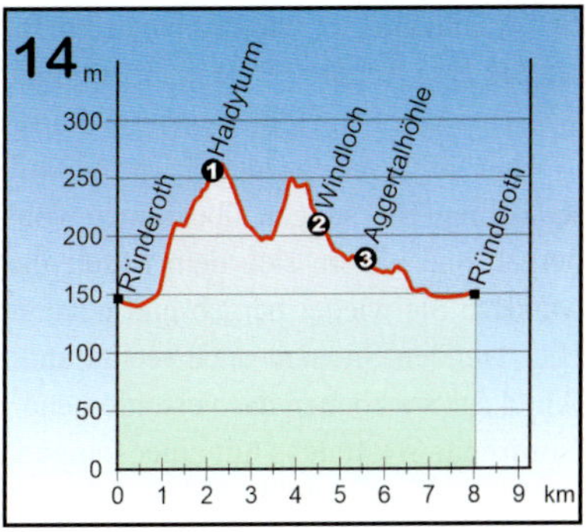

Alsbald erreichen Sie die Ortschaft Stiefelhagen, durchqueren diese weiter bergan und gelangen so zu einem Picknickplatz (km 1,8) mit schöner Aussicht. Hinter dem Zaun neben dem Picknickplatz führt Sie der Streifzug nun auf dem Stieweler Haldysteig wieder in die Natur. Schon bald erreichen Sie den Haldyturm ❶ (km 2,1), einen markanten, 1903 erbauten Steinturm. Hier erwarten Sie ein Picknickplatz sowie eine Liegebank und ein schöner Blick ins Aggertal. Wandern Sie nun weiter nach rechts bergan, verlassen Sie kurz darauf den Wirtschaftsweg und biegen Sie nach links auf einen Wiesenweg ab.

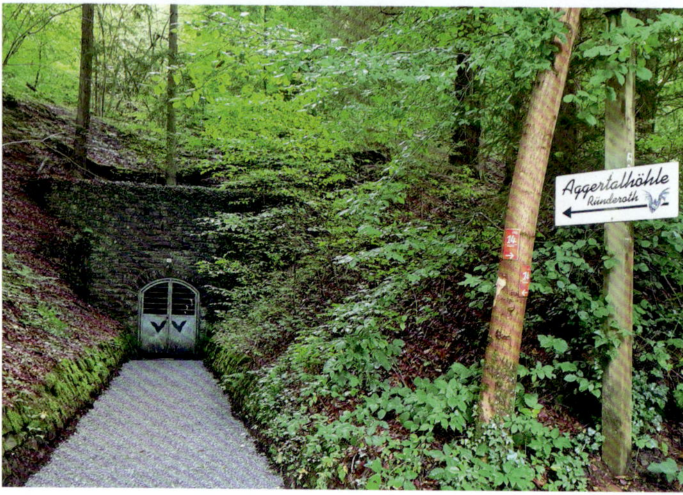

Eingang zur Aggertalhöhle

Im weiteren Verlauf führt Sie die Wanderung durch Mischwald mit Farnen und Moosen kontinuierlich bergab. Fast unmerklich verlieren Sie dabei ca. 60 Höhenmeter und erreichen im Tal den Walbach. Bei km 3,3 passieren Sie eine weitere ⩩ Rastbank und kurz darauf die nächste Infotafel, die Wissenswertes zu Höhlenwohnungen bereithält.

Nun verlassen Sie den Uferweg und folgen der Markierung über eine Kreuzung. Sie steigen über einen von Bäumen gesäumten Weg wieder bergan und nähern sich dem Mühlenberg. Genießen Sie die Natur. Bald wandern Sie wieder bergab und gelangen über 14 Stufen auf eine Straße. Hier wenden Sie sich nach rechts und erreichen so das ∩ Windloch ❷ (km 4,5). Sie können das verschlossene „Eingangsloch" der größten Höhle Nordrhein-Westfalens mit einer Länge von mehr als 8.000 m ansehen. Die dazugehörige Infotafel informiert Sie über die abenteuerliche Entdeckung dieses unglaublichen unterirdischen Reiches.

Sie folgen weiter der Markierung, verlassen bald die Straße nach rechts und wenden sich wenige Meter später nach links in einen Waldweg, der links vom Walbach begleitet wird und rechts ein Naturschutzgebiet aufweist. Kurz darauf erreichen Sie die ∩ Aggertalhöhle ❸ (km 5,6).

Wussten Sie, dass das Bergische Land im Zeitalter des Devon unter dem Meeresspiegel lag? Das beweist das urzeitliche Korallenriff in der Höhle. Bei einem Besuch der Aggertalhöhle sollten Sie eine Jacke dabeihaben, denn es herrschen ganzjährig Temperaturen um 7° C. Die Besichtigung der Höhle ist nur im Rahmen einer fachkundigen Führung möglich, Info: 💻 www.aggertalhoehle.de.

Alternativ können Sie einen kurzen Blick durch das Tor in den Eingangsbereich der Höhle werfen und die empfindliche Kühle spüren.

Bevor Sie den Wald verlassen, bemerken Sie noch eine weitere geologische Besonderheit. Der Walbach folgt für ein Stück einem unterirdischen Bachlauf, bevor er in die Agger mündet. Sie gehen nun ein Stück an der Landstraße entlang, folgen weiter der Markierung, erreichen wieder das Aggerufer und kehren zu Ihrem Ausgangspunkt zurück.

☺ Im sehenswerten Ortskern von Ründeroth finden Sie nach der Wanderung in den verwinkelten Gassen mit schönen Fachwerkhäusern verschiedene Möglichkeiten zur Einkehr, um sich zu stärken.

Fachwerkidylle

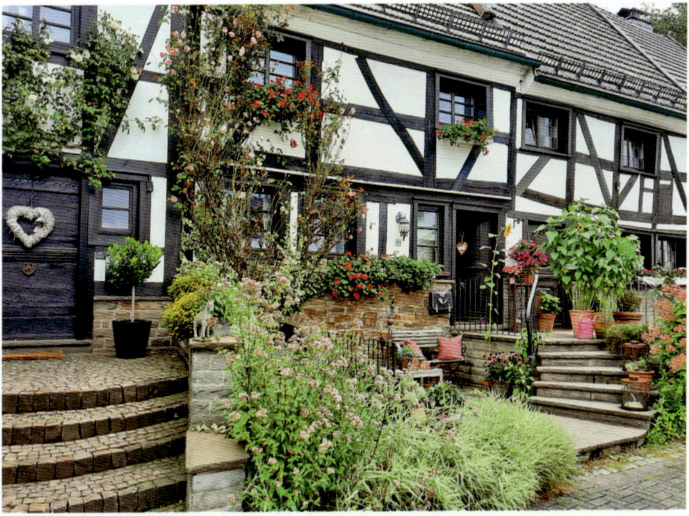

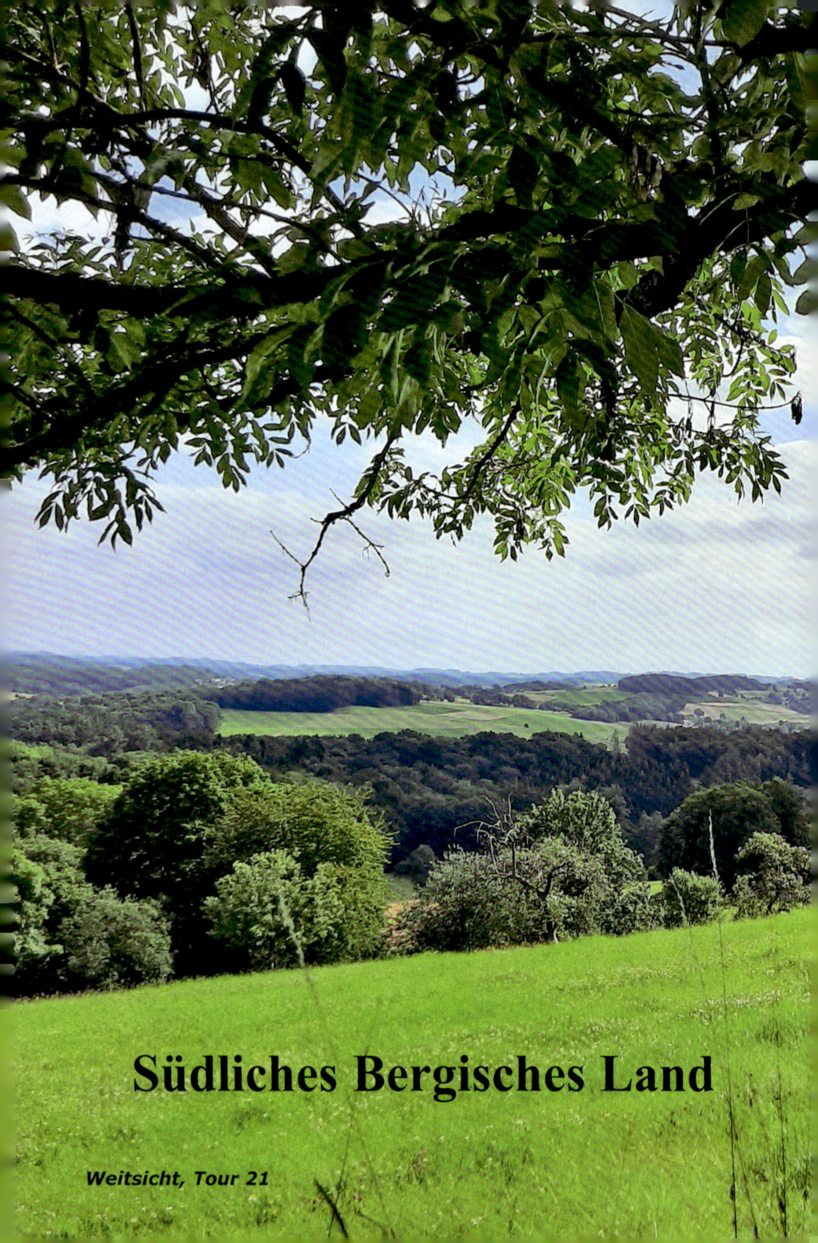
Südliches Bergisches Land
Weitsicht, Tour 21

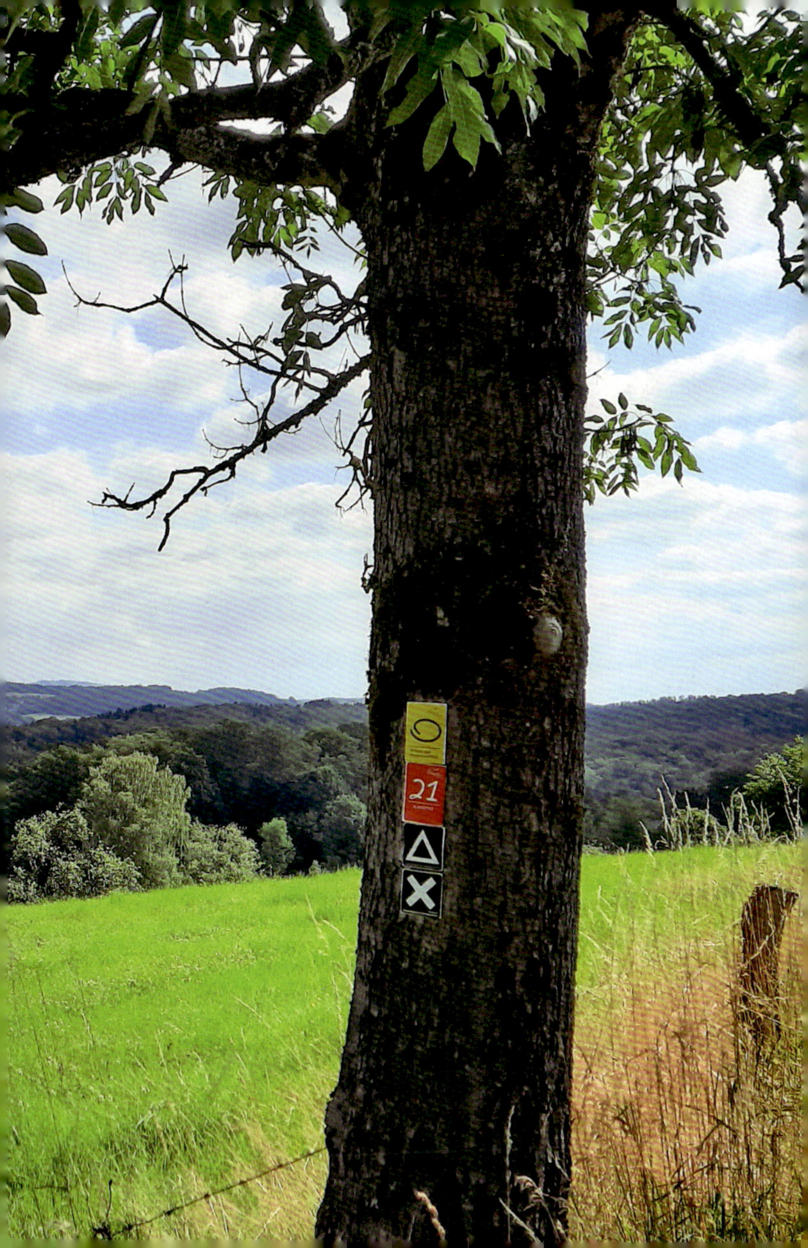
21

15 Bergbauweg – Rösrath

Tour für Naturliebhaber und Geschichtsinteressierte

Unerwartete Einblicke in die jahrtausendealte Bergbaugeschichte der Region sorgen für Überraschungen auf diesem mittelschweren Wanderweg. Stillgelegte Fördertürme tauchen mitten im Wald auf und erzählen eine spannende Geschichte.

Der Weg bietet viel Abwechslung und reizvolle Blicke in die weite Landschaft. Es gibt einige schmale und zum Teil sehr steile Wald- und Felspassagen, die auch stark mit Wurzelwerk durchsetzt sind. Sonnige und schattige Abschnitte wechseln sich ab.

- Start/Ziel: Bahnhof Hoffnungsthal, 51503 Rösrath, GPS N 50°54.686' E 007°11.753'
- 12,4 km (kann auf 9 km verkürzt werden)
- 4 Std.
- 294 m/294 m
- 87-249 m
- 15 (weiße Zahl auf rotem Grund), Wegweiser an allen Abzweigungen
- Asphaltpassagen wechseln sich ab mit breiten Wirtschaftswegen und schmalen, wurzeldurchsetzten Pfaden, siehe Anmerkung zum Landschaftsbild im Wandel – Seite13.
- Golfbistro Am Lüderich (km 5,5), Bleifelder Hof (km 7,7)
- Ca. 10 Rastbänke finden Sie in regelmäßigen Abständen am Wegesrand.
- Kurz nach dem Start (km 0,5) finden Sie Einkaufsmöglichkeiten.
- Freibad Hoffnungsthal (km 11,7)
- Es gibt die spannende Bergbaugeschichte zu entdecken. Für die steilen Passagen ist jedoch etwas Trittsicherheit erforderlich.
- Es gibt einige Passagen mit schmalen Waldwegen und sehr steilen, wurzel- und felsdurchsetzten Anstiegen, sodass das Mitführen eines Buggys nicht empfehlenswert ist.
- Der Weg verläuft zu Beginn teilweise entlang der Sülz und zum Ende hin neben einem Bach, der auch überquert wird.
- Am Bahnhof in Hoffnungsthal finden Sie kostenfreie Parkplätze.
- Von Köln Hbf fahren Sie mit dem Zug RB25 bis zum Bahnhof Hoffnungsthal.

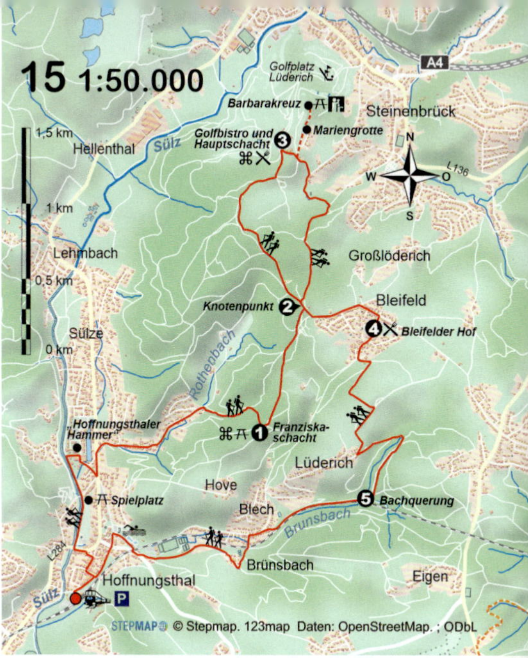

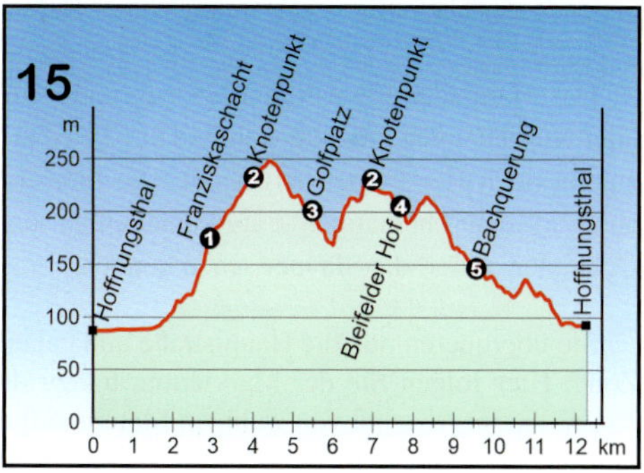

Los geht es vor dem Bahnhof Hoffnungsthal. Hier finden Sie die Infotafel A, die Ihnen erste Eindrücke zu dieser spannenden ehemaligen Bergbauregion vermittelt. Mit der Infotafel und dem Bahnhof im Rücken wechseln Sie geradeaus auf die gegenüberliegende Straßenseite und folgen der Markierung über 18 Treppenstufen abwärts. Unten angekommen wenden Sie sich nach rechts und biegen nach ca. 200 m links in die Bahnhofstraße ab.

Folgen Sie nun der weißen 15 über die Bahnhofstraße weiter durch den Ortskern von Rösrath-Hoffnungsthal, dem die Fachwerkhäuser viel Charme verleihen. Hier finden Sie noch letzte Einkaufsmöglichkeiten, bevor Sie in die Natur eintauchen. Vor der Brücke biegen Sie rechts ab und folgen dem Uferweg entlang der Sülz.

Es erwarten Sie verschiedene ⛼ Rastbänke sowie ein Kinderspielplatz mit ⛼ Picknickplatz (km 0,9).

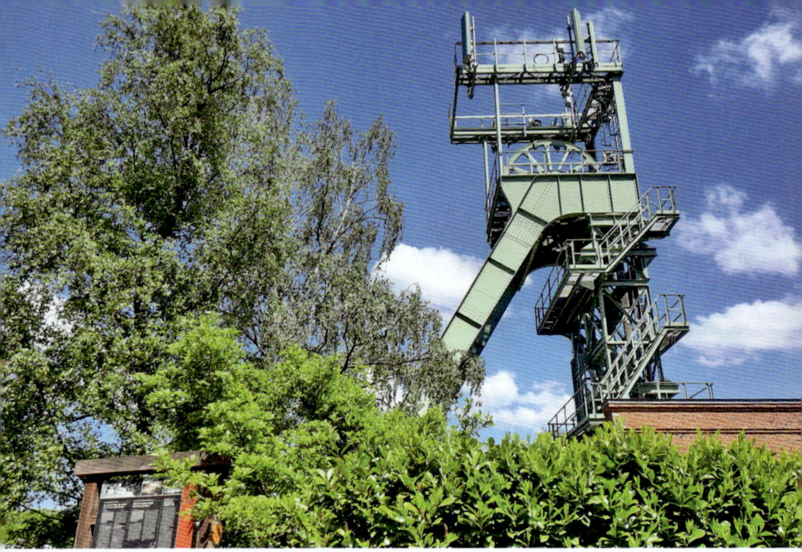

Ehemaliger Förderturm der Grube Lüderich

Vor der ⩲ Rastbank bei km 1,2 folgen Sie der Markierung nach rechts und entfernen sich vom Ufer der Sülz. Der Weg führt Sie nun durch das Gelände des ehemaligen „Hoffnungsthaler Hammers".

Das Hammerwerk wurde 1775 gegründet und erst 1998 aufgegeben. Hier wurden unter anderem während des Zweiten Weltkrieges Bomben und zuletzt noch Heizkörper hergestellt. Die Industriegeschichte spiegelt sich auch in den ehemaligen Fabrikantenvillen und weiteren restaurierten Gebäuden wider, die Sie hier sehen können.

Sie überqueren nun die Hauptstraße und gelangen in eine verkehrsarme Zone. Hier folgen Sie der Markierung bis zu den beiden nächsten Infotafeln, die im Abstand von wenigen Metern aufgestellt wurden. Hinter der zweiten Tafel (D) führt Sie der Weg nun rechts auf einen schmalen, wurzeldurchsetzten Waldweg, auf dem Sie mit etwas Glück und Geduld auch Eichhörnchen beobachten können. Es folgt eine sehr steile Passage bergan über ein mit Felsen und Wurzeln durchsetztes Wegstück. Oben angekommen wenden Sie sich nach rechts auf den Wirtschaftsweg. Etwa 200 m weiter erleben Sie eine Überraschung. Sie stoßen auf einen stillgelegten ⌘ Förderturm ❶ mit einem ⩲ Picknickplatz.

⌘ Sie befinden sich am Franziskaschacht (km 3,1). Hier bauten bereits die Römer im 1. Jahrhundert n. Chr. Blei- und Silbererze ab. 1978 ging die beinahe 2.000-jährige Bergbaugeschichte mit der Stilllegung der Grube Lüderich zu Ende. Unter dem alten Förderturm befindet sich ein 237 m tiefer Schacht mit verschiedenen Sohlen (Etagen) auf dem Weg in die Tiefe. Mit der Stilllegung wurde der Franziskaschacht mit einer Betonplombe verschlossen, also mit Beton verfüllt.

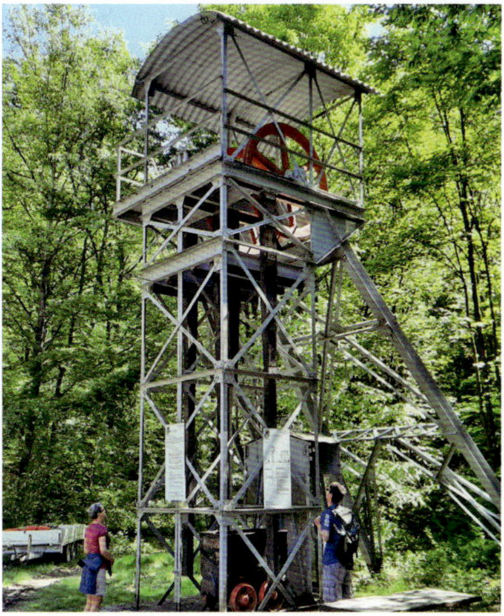

Franziskaschacht

Vom Förderturm aus führt Sie der Weg weiter links hoch durch den Wald. Schon bald erreichen Sie den Knotenpunkt ❷ dieses Wanderweges (km 4,0). Hier haben Sie zwei Möglichkeiten.

↳ Wenn Sie die Tour auf ca. 9 km Gesamtlänge verkürzen möchten, dann folgen Sie dem Wegweiser nach Rösrath-Hoffnungsthal (Rückweg).

Wenn Sie die normale Strecke wandern möchten, wenden Sie sich nach links und folgen der Markierung (Hinweg).

Im weiteren Wegverlauf stoßen Sie nach einem Waldstück auf eine Straße (km 5,3), der Sie ca. 200 m folgen. Nun erreichen Sie das Gelände des Golfclubs Lüderich ❸. Das ✕ Golfbistro ist im ehemaligen Maschinenhaus des Bergwerks untergebracht.

✕ ⌘ Golfbistro Am Lüderich, Am Golfplatz 1, 51491 Overath, ☏ 022 04/976 00, 💻 www.gc-luederich.de/club/unsere-gastronomie.html, 🚪 Mo-So 11:00-20:30, je nach Witterung

Am Golfbistro vorbei folgen Sie der Straße und finden nun links den früheren Förderturm des Hauptschachtes der Grube Lüderich, der 1978 stillgelegt wurde. Gehen Sie weiter bergab durch das Tor, welches das Golfgelände begrenzt. Gleich unterhalb des Tores bietet sich ein kurzer Abstecher an.

Wenden Sie sich nach links und folgen Sie dem Weg für ca. 200 m zur Mariengrotte. Im Domschacht (Zugang) eines Schutzbunkers aus dem Zweiten Weltkrieg finden Sie eine Marienstatue. Oberhalb der Mariengrotte führt der Weg weiter zu einem Aussichtspunkt auf der Spitze der angeschütteten Berghalde des Erzbergwerks Lüderich. Hier erwartet Sie ein 15 m hohes Edelstahlkunstwerk, welches den Bergleuten der Grube Lüderich im Namen ihrer Schutzpatronin, der heiligen Barbara, gewidmet ist. Von den Picknickplätzen aus genießen Sie eine wunderbare Fernsicht.

Wieder zurück auf dem Hauptweg folgen Sie der Markierung weiter bergab und passieren eine Rastbank (Abfallbehälter) mit Weitblick. Nach einer Passage durch den Wald führt der Weg leicht bergauf zu einer T-Kreuzung. Sie wenden sich nach links (die Markierung fehlt) und erreichen nach wenigen Metern wieder den Knotenpunkt des Wanderweges, wo Sie nun entsprechend der Markierung den Rückweg antreten.

Kurz bevor Sie den Wald verlassen, passieren Sie noch eine Rastbank (km 7,1). Sie erreichen nun den Ort Bleifeld. Hier finden Sie Rastbänke, einen Picknickplatz und eine Einkehrmöglichkeit ❹.

Bleifelder Hof, Bleifeld 57, 51503 Rösrath, ☎ 022 05/825 66, die aktuellen Öffnungszeiten erfragen Sie bitte telefonisch.

Folgen Sie der Straße weiter bergab. Der Weg führt Sie dann links auf einen schmalen Pfad. Im weiteren Verlauf lädt eine Rastbank (km 8,5) mit schönem Ausblick zu einer Pause ein. Hier wenden Sie sich nach rechts auf die Straße und passieren eine weitere Bank unmittelbar vor dem Ortseingang von Berg/Lüderich. Kurz dahinter biegen Sie links in einen Forstweg ab, der bald an einem Bachlauf entlangführt. Eine Bachquerung ❺ (km 9,7) über den Brunsbach steht an.

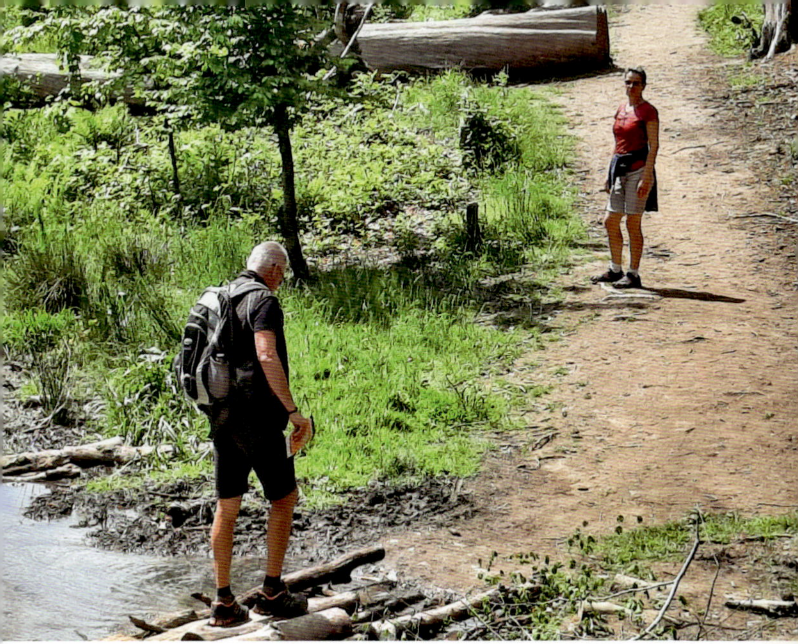

Wanderer auf dem Bergbauweg

Dann geht es weiter durch den Wald oberhalb der Bahnlinie, bis der Weg wieder auf eine Straße stößt (km 10,5). Folgen Sie der Markierung durch den Ort bis zur nächsten ⩫ Rastbank. Hier biegen Sie rechts in einen Wiesenweg ab. Nach einem weiteren kurzen Straßenstück und einer nochmaligen Gleisüberquerung erreichen Sie das Freibad Hoffnungsthal (km 11,7) von der Rückseite. Die Badelandschaft bietet sich für einen Abstecher mit herrlicher Erfrischung und eine letzte Pause kurz vor dem Ziel an.

Freibad Hoffnungsthal, Hover Weg 4, 51503 Rösrath, ☏ 022 05/925 06 00, www.stadtwerke-roesrath.de/de/Freibad, während der Freibadsaison täglich 9:00-20:00

Von hier aus wandern Sie noch wenige Hundert Meter durch Hoffnungsthal zurück zu Ihrem Ausgangspunkt.

16 Overather Pilgerweg – Overath

Tour für Naturliebhaber, Religions- und Geschichtsinteressierte

Der erste Teil dieses Weges ist den sieben Fußfällen von Overath nach Marialinden gewidmet. An diesem beinahe 300 Jahre alten Pilgerweg gibt es noch alle sieben historischen Stationen und auf Infotafeln eine Menge Geschichte dazu. So können Sie das Pilgern in der damaligen Zeit gut nachempfinden. Von Marialinden aus erwarten Sie dann herrliche Weitblicke und viel Natur auf dem Rückweg nach Overath. Der Weg weist zu Beginn beachtliche Steigungen auf, sonnige und schattige Passagen wechseln sich ab.

Start/Ziel: Bahnhofplatz, Bahnhof Overath, 51491 Overath, GPS N 50°55.993' E 007°17.314'

8,6 km

2 Std. 30 Min.

256 m/256 m

93-269 m

16 (weiße Zahl auf rotem Grund), Wegweiser an allen Abzweigungen

Steile Anstiege auf unebenem Untergrund wechseln sich mit Wirtschaftswegen und asphaltierten Passagen ab.

verschiedene Einkehrmöglichkeiten in Marialinden (km 2,9), Landgasthaus Sonne (km 4,8)

Rastbank (km 2,2), Rastbank mit Abfalleimer (km 2,5), Rastbänke mit Abfalleimer auf dem Kirchplatz (km 2,9), Rastbank (km 3,6), Rastbank im Wald mit Blick auf die Agger (km 7,4)

Schwimmbad Badino über einen Abstecher gegen Ende der Tour

Einige Passagen des Weges erfordern etwas Trittsicherheit, insgesamt ist die Tour jedoch auch für Kinder schön zu gehen.

Der Weg eignet sich nicht für die Mitnahme eines Buggys.

Der Untergrund ist abwechslungsreich und es gibt unterwegs ausreichend Trinkmöglichkeiten: Ein Bach, der auch überquert wird, verläuft parallel zum Weg (km 3,8) und im weiteren Verlauf treffen Sie erneut auf einen Bach, der dann in die Agger übergeht (ab km 6,9).

P Hinter dem Bahnhof befindet sich ein Park&Ride-Parkplatz. Alternativ finden Sie auch in unmittelbarer Nähe zum Bahnhofplatz weitere kostenfreie Parkplätze.

Von Köln Hbf fahren Sie mit dem Zug RB25 bis Overath.

Diese Wanderung beginnt auf dem Bahnhofplatz. Hier haben Sie noch die Möglichkeit, sich mit Proviant einzudecken. Gehen Sie dann nach rechts über die Hauptstraße, bis der Weg unmittelbar vor dem Ortsausgang rechts über die Bahngleise führt.

Gleich hinter dem Bahnübergang wenden Sie sich der Markierung folgend nach links in einen Fußweg und überqueren dann die Agger. Hinter der Brücke befindet sich rechts ein kleiner Kinderspielplatz. Sie folgen dem Weg jedoch geradeaus durch die Siedlung und gelangen über verkehrsarme Straßen schon bald an eine Landstraße, die Sie überqueren.

Nun wenden Sie sich nach rechts auf den Fußweg und folgen diesem bis zum Ende. Dort gehen Sie eine kleine Anliegerstraße links hoch Richtung Wald und erreichen das konditionell anspruchsvollste Teilstück dieses Pilgerweges.

1. Fußfall: Jesus am Ölberg

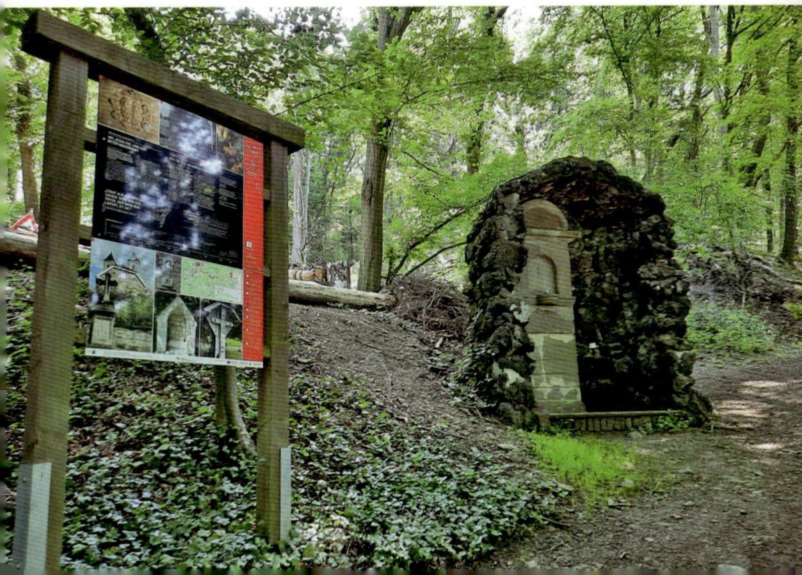

Kurz hinter dem Waldeingang finden Sie schon den ersten Fußfall ❶ (km 1,2), um den Anwohner schon vor langer Zeit zum Schutz vor der Witterung eine Grottennische errichtet haben.

Sieben dieser Fußfälle werden Sie im Verlaufe des Pilgerwegs passieren. Nach einer Epidemie, die Overath im Jahr 1740 ereilte, legten Überlebende diesen Kreuzweg an, um der Toten zu gedenken und um in Ehrfurcht zu Gott zu beten. Die Fußfälle wurden aus Lindlarer Grauwacke errichtet und allesamt gestiftet. Entsprechend der Legende, dass Jesus siebenmal unter dem Kreuz auf die Knie fiel, wurden sieben Stationen erbaut. Die Reliefs der einzelnen Stationen sind überwiegend der Witterung zum Opfer gefallen und nur noch teilweise erhalten. Sie stellten Folgendes dar:

1. Station: Jesus am Ölberg
2. Station: Jesus wird gefangen genommen.
3. Station: Jesus wird gegeißelt.
4. Station: Jesus wird mit Dornen gekrönt.
5. Station: Jesus trägt das Kreuz.
6. Station: Das Kreuz Jesu wird aufgerichtet.
7. Station: Jesus wird gekreuzigt.

☺ Erfahren Sie mehr über die Lindlarer Grauwacke, aus der die Fußfälle erbaut wurden, auf dem ☞ Streifzug 8 – Steinhauerpfad in Lindlar.

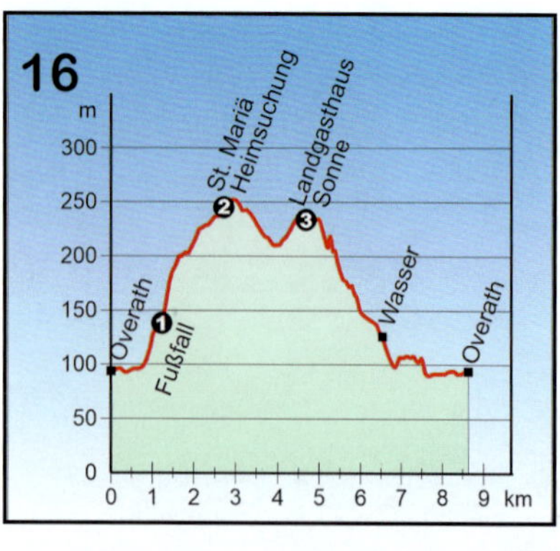

Nun steigt der Pfad steil bergan, quert einen Wirtschaftsweg und führt Sie nach ca. 200 m bereits zum zweiten Fußfall. Hier ist das Originalrelief verloren gegangen, es wurde durch eine Platte ohne Darstellung ersetzt. Sie steigen weiter bergauf und treten auf der Anhöhe (km 1,5) aus dem Wald auf einen Wiesenweg.

Dort erwartet Sie die dritte Station. Die Darstellung auf diesem Relief ist noch gut erhalten. Wenden Sie sich nach rechts, es geht weiter leicht bergan. Genießen Sie von der Anhöhe den Blick in die Weite und betrachten Sie den vierten Fußfall. Auch dieser ist noch vergleichsweise gut erhalten.

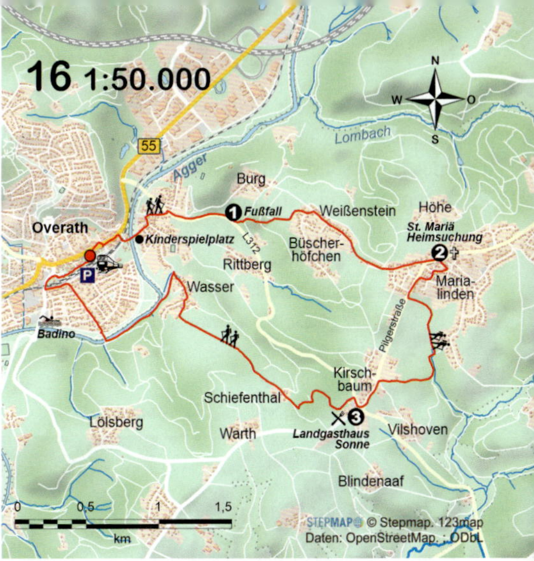

Nachdem Sie nun den steilen Anstieg bewältigt haben, folgen Sie weiter der Markierung durch eine kleine Ortschaft und erreichen kurz darauf die fünfte Station, bevor Sie sich nach rechts wenden und einer verkehrsarmen Straße folgen. Wenige Hundert Meter weiter finden Sie den sechsten Fußfall gegenüber Haus Weißenstein. Dahinter, etwas im Wald versteckt, lädt eine ⩚ Rastbank (km 2,2) zum Verweilen ein.

Nur 300 m weiter die Straße hinauf ist dann die siebte Kreuzwegstation zu besichtigen. Sie steht in einem privaten Garten gleich hinter dem Zaun. Kurz darauf können Sie sich nochmals auf einer ⩚ Rastbank (km 2,5) ausruhen, bevor Sie den höchsten Punkt dieses Weges an der Kirche ✞ St. Mariä Heimsuchung (km 2,9) in Marialinden ❷ erreichen. Auf dem Kirchplatz befinden sich weitere ⩚ Rastbänke.

Nach diesem geschichtsträchtigen Teil des Streifzugs folgt nun der Blick in die Natur. An der Kirche wenden Sie sich nach rechts und folgen der Markierung durch die Straßen bis zu einem kleinen Fußweg, der links über einige Stufen bergab führt. Unten angekommen gehen Sie rechts weiter und erreichen nach wenigen Hundert Metern entlang der Markierung den Ortsausgang von Marialinden. Unmittelbar dahinter biegen Sie nach links in einen Wiesenweg ab (km 3,5) und können den herrlichen Blick über die Höhen von der folgenden ⩚ Rastbank (km 3,6) aus genießen.

Gleich hinter der Bank wird der Weg sehr schmal, führt an einem Weidezaun entlang und mündet dann in einen breiten Wirtschaftsweg entlang eines Baches. Im weiteren Verlauf erreichen Sie wieder eine Straße und am folgenden Kreisverkehr biegen Sie rechts ab. Hier erwartet Sie das ✗ Landgasthaus Sonne ❸ (km 4,8).

✗ Landgasthaus Sonne, An der Sonne 10, 51491 Overath-Marialinden, ☏ 022 06/836 10, 💻 www.landgasthaussonne.de, Fr-Di 11:30-23:00, Mi u. Do Ruhetag

Kirche St. Mariä Heimsuchung in Marialinden

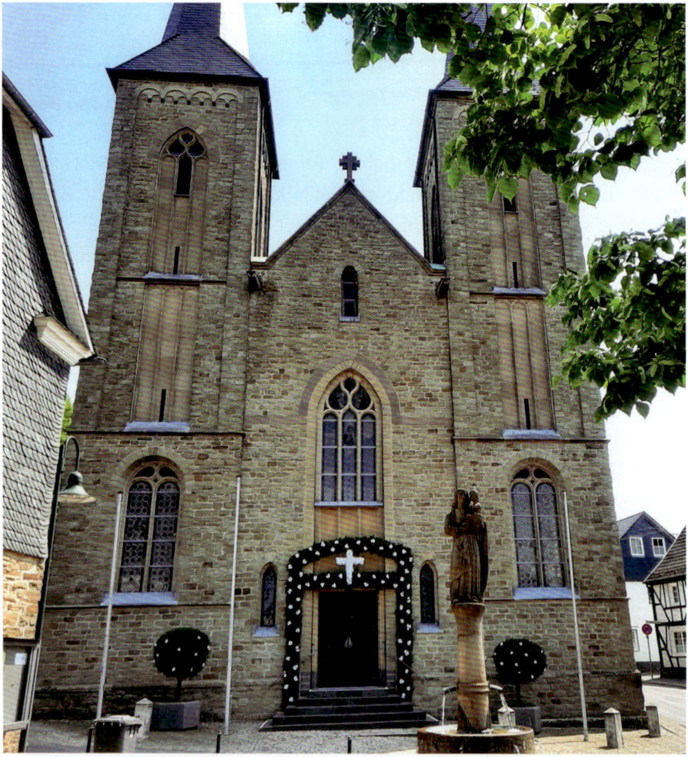

Kurz hinter dem Gasthaus biegen Sie der Markierung folgend links ab und erreichen über das Gelände einer Imkerei einen Waldweg. Wandern Sie von Vogelgezwitscher begleitet durch den Wald bis zur kleinen Ortschaft Schiefenthal. Gleich dahinter erwarten Sie wieder schöne Weitblicke. An Kuhweiden und Feldern vorbei laufen Sie weiter bergab durch die Ortschaft Wasser und biegen im Tal der Markierung folgend links in einen schmalen Pfad entlang eines Baches ab.

Der Bach mündet schon bald in die Agger. Der Weg verläuft nun entlang des Aggerufers durch den Wald. Eine Rastbank (km 7,4) mit Blick auf den Fluss lädt zum Beobachten der Natur ein.

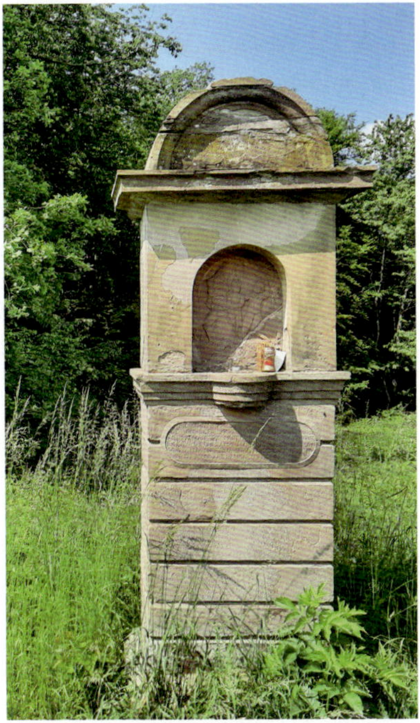

3. Station: Jesus wird gegeißelt

Im weiteren Verlauf überqueren Sie die Agger über eine schmale Holzbrücke und gehen am gegenüberliegenden Ufer geradeaus in die Siedlung. Sie erreichen bald Treppenstufen zur Gleisunterquerung.

Hier haben Sie die Möglichkeit, einen Abstecher nach links zum nahe gelegenen Schwimmbad Badino zu unternehmen.

Schwimmbad Badino, Propsteistraße 25, 51491 Overath, 022 06/86 72 16, www.badino-overath.de, die aktuellen Öffnungszeiten entnehmen Sie bitte der Webseite.

Wenden Sie sich nach rechts, um zu Ihrem Ausgangspunkt am Bahnhofplatz zurückzukehren.

17 Bierweg – Wiehl

Tour für Natur- und Bierliebhaber

Dieser Höhenweg bietet bei gutem Wetter Ausblicke bis hin zum Siebengebirge in die eine und bis ins Sauerland in die andere Richtung. Er steht im Zeichen des Bieres, seiner Rohstoffe und der Braukunst. Ganz nebenbei lernen Sie unterwegs vieles über das östlichste Kölsch in der Republik und dessen Hauptbestandteil, nämlich das Wasser, das 90 % der Zutaten ausmacht. Der Weg ist abwechslungsreich, verläuft über Wiesen und Felder, durch Wälder und Ortschaften, bietet ordentliche Steigungen sowie Sonne und Schatten.

Start/Ziel: Bahnhofsplatz, Schlanderser Straße, 51674 Wiehl-Bielstein, GPS N 50°57.809' E 007°30.219'

13,3 km

4 Std.

303 m/303 m

173-321 m

17 (weiße Zahl auf rotem Grund), Wegweiser an allen Abzweigungen

hauptsächlich unbefestigte Wege, teilweise sehr matschig, längere Wiesenpassagen, sehr steile Bergabpassagen, siehe Anmerkung zum Landschaftsbild im Wandel – Seite 13

Krahmer Scheune (km 8,7, Mai bis Sep) sowie Einkehrmöglichkeiten kurz vor dem Ziel in Bielstein

> 10 Rastbänke verteilt über die gesamte Wegstrecke, besonders zu erwähnen: Rastbank mit Fernblick (km 10)

Freibad Bielstein, Abstecher am Anfang der Tour

Der Weg ist aufgrund seiner Länge für Kinder eine Herausforderung, bietet jedoch schöne Naturerlebnisse.

Der Weg eignet sich nicht für die Mitnahme eines Buggys, da einige Wiesenwege, zum Teil auch mit sehr steilen Abschnitten, zu bewältigen sind.

Der Untergrund ist abwechslungsreich, Trinkmöglichkeit nur zu Beginn des Weges.

Parkplatz Dreibholzer Straße

Von Köln Hbf fahren Sie mit dem Zug RB25 nach Gummersbach-Dieringhausen und von dort mit der Buslinie 302 Richtung Waldbröl bis zum „Busbahnhof Bielstein".

Los geht es im „Bierdorf“ Wiehl-Bielstein. Von der Infotafel A, am Busbahnhof, wenden Sie sich nach links und folgen der Markierung (weiße 17 auf rotem Grund) parallel zu den Bahngleisen. Nach ca. 280 m überqueren Sie nach links den Fluss Wiehl und wenden sich hinter der Brücke nach rechts in den Freizeitpark mit Spielplatz, ⩩ Bänken etc. Hier bietet sich die Möglichkeit für einen Abstecher zum Freibad, den Sie sich auch für das Ende der Wanderung aufheben können.

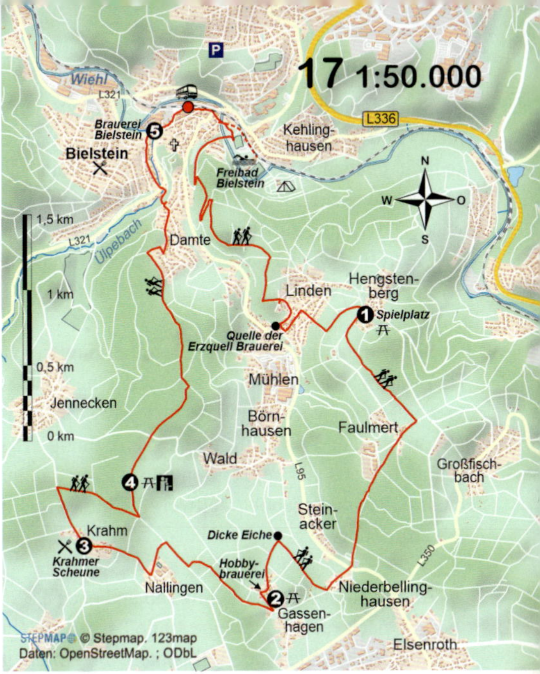

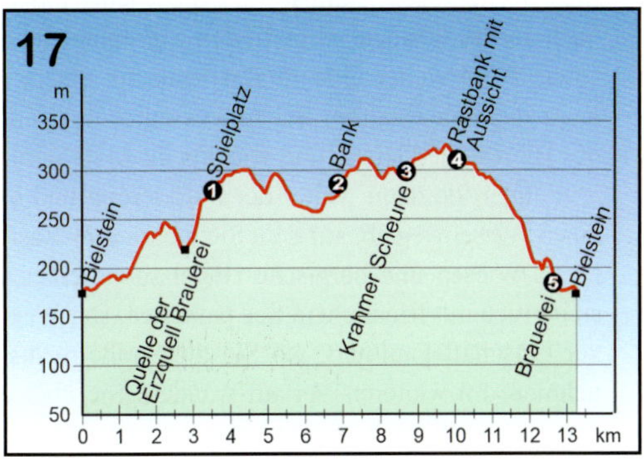

↳ Folgen Sie der Jahnstraße für ein kurzes Stück weiter geradeaus.

Freibad Bielstein, Jahnstraße 15, 51674 Wiehl-Bielstein, ☏ 022 62/30 96, www.freibad-bielstein.de, während der Freibadsaison Mo 14:30-20:00, Di-So 8:00-20:00

Sie folgen der Markierung weiter durch den Park, wenden sich nach rechts und überqueren erneut die Wiehl. So gelangen Sie auf einen teilweise recht unebenen Waldweg. Genießen Sie die Natur und lauschen Sie dem Vogelgezwitscher. Der Waldweg geht in einen Wiesenweg über, hier laden wieder Bänke zur Rast ein.

Sie treffen wieder auf eine Straße. Hier wenden Sie sich nach rechts und erreichen die Infotafel B (km 2,8) bei der Quelle der Erzquell Brauerei.

Sie erfahren hier Wesentliches über die Bedeutung des Wassers für das Bierbrauen: Für die Herstellung von einem Hektoliter Bier benötigt man vier Hektoliter Wasser (inklusive des Wassers für Kühlung und Reinigung). Schon im Jahr 1516 wurde eine Verordnung erlassen, nach der Bier ausschließlich aus Gerste, Hopfen und Wasser gebraut werden darf. Damit ist dieses „Reinheitsgebot" weltweit die älteste bis heute gültige Lebensmittelverordnung.

An der Tafel biegen Sie links ab und nach ca. 250 m folgen Sie der Markierung nach rechts über eine steile Passage bergan auf einen Wiesenweg. Oben erreichen Sie eine Rastbank mit Abfalleimer (km 3,3), an der Sie links weitergehen. Bald treffen Sie wieder auf eine Straße, wo Sie sich nach rechts wenden. Hier finden Sie einen Spielplatz ❶ und Bänke sowie 50 m weiter eine Rastbank mit einem herrlichen Weitblick. Kurz dahinter erfahren Sie Interessantes über einen weiteren Bestandteil des Bieres, die Gerste, und wie aus ihr Malz wird.

Folgen Sie dann weiter der Markierung und biegen Sie nach links auf einen Wiesenweg ab, auf dem Sie mehrere Rastbänke mit Blick auf idyllische Wiesen und bergische Hügel sowie einen ehemaligen Grauwackesteinbruch mit friedlichem See passieren. Der Weg führt über die Höhen bis zur Ortschaft Faulmert, wo Sie die Straße rechts herunter durch den Ort nehmen. Im weiteren Verlauf wandern Sie über einen Wald-/Wiesenweg, der in einen Wirtschaftsweg übergeht, bergab durch den Wald. Sie treffen so auf eine Straße, die Sie zur Überquerung der Landstraße (km 5,6) führt, und biegen vor der nächsten Rastbank mit Abfalleimer (km 5,8) rechts ab.

Am Ortsausgang von Niederbellinghausen folgen Sie rechts einem Wiesenweg und biegen an einer dicken Eiche (km 6,5) nach links auf eine kleine Feldstraße ab. Eine weitere Rastbank (km 6,6) erwartet Sie.

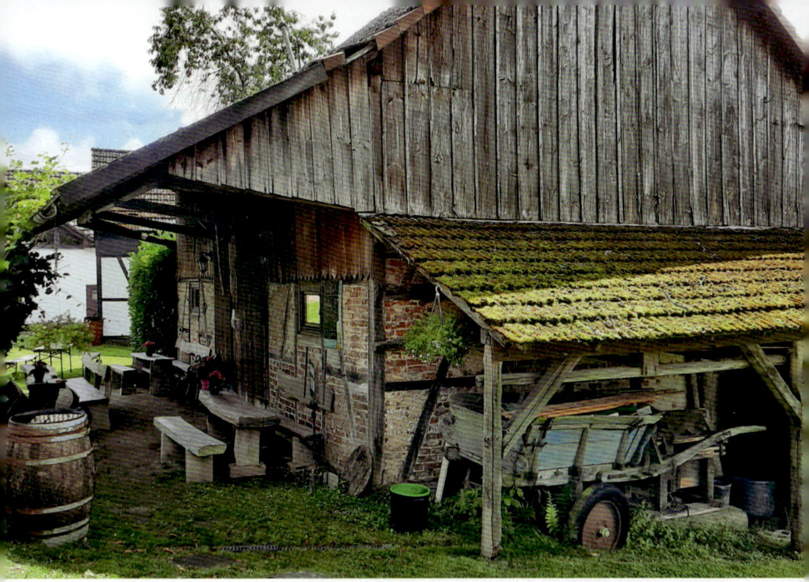

Krahmer Scheune

Im Ort Gassenhagen treffen Sie auf die dritte Zutat des Bieres, den Hopfen. An einem kleinen Hopfenfeld lädt eine ⩚ Bank ❷ (km 6,9) zur wohlverdienten Pause ein. Gleich neben diesem Feld wohnt ein Hobbybrauer, der das Gassenhagener Hüttenbräu, ein obergäriges Bier, braut. Eine kleine Führung zur selbst entwickelten Brauanlage sowie eine anschließende Verkostung des Bieres sind möglich.

☺ ⌘ Hobbybrauer Uwe Krimmel, Gassenhagen 22, 51674 Wiehl, ☏ 022 62/33 70, uwe.krimmel@t-online.de, keine festen Öffnungszeiten, Besuch auf gut Glück oder nach telefonischer Absprache

Folgen Sie der Markierung durch den Ort, bevor Sie an einer Weggabelung scharf rechts auf einen Wiesenweg am Waldrand abbiegen. Im weiteren Verlauf gehen Sie entlang von Kornfeldern über einen Wirtschaftsweg mit schönem Blick über die Bergischen Höhen. Anschließend passieren Sie das Gelände des Reitzentrums Nallingen (km 8,2) und wenden sich auf der Straße nach rechts. Sie passieren eine ⩚ Rastbank mit Abfallkorb (km 8,5) und erreichen wenig später die ✕ Krahmer Scheune ❸.

Krahmer Scheune, Krahm 9, 51588 Nümbrecht, ☎ 022 62/62 20, http://krahmer-scheune.de.tl, Saison Mai bis September Fr 17:00-23:00, Sa 15:00-23:00, So 14:00-20:00

Gehen Sie die Straße weiter, folgen Sie der Markierung bei einer Rastbank (km 9,2) auf einen Wirtschaftsweg nach rechts und passieren Sie eine schön platzierte Rastbank ❹ (km 10,0) mit Fernblick und anschließend eine weitere (km 11,5). Im weiteren Verlauf erreichen Sie die Ortschaft Damte. Am ehemaligen kleinen Heimatmuseum wenden Sie sich nach links.

Bierdorf Bielstein

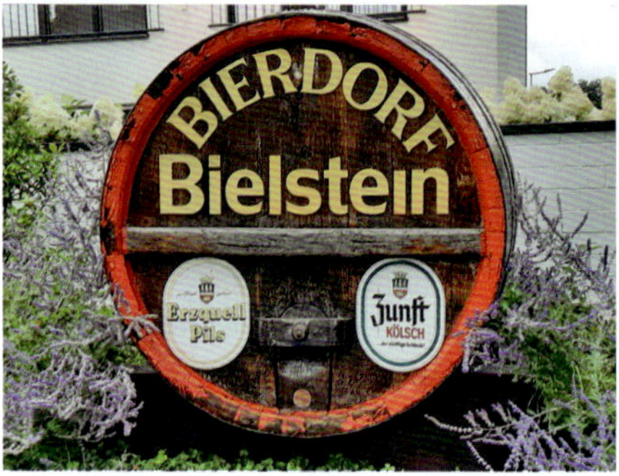

Die Straße führt steil bergab. Folgen Sie dann der Markierung nach links in einen schmalen Wiesen-/Waldweg (km 12,3). Die weitere Wegführung verläuft etwas im Zickzack, teilweise über schmale Pfade, je nach Jahreszeit sind die Wegmarkierungen überwuchert, so dass erhöhte Aufmerksamkeit erforderlich ist. Der Streifzug führt Sie nun zurück in den Ort und Sie erreichen so die Infotafel G an der Erzquell Brauerei Bielstein ❺. Die Brauerei bietet zu bestimmten Zeiten Besichtigungen mit Verköstigung an, Info unter: www.erzquell.de. An der Tafel überqueren Sie die Straße und gehen den Weg weiter in den Ort. Dabei können Sie durch die großen Fenster der Brauerei einen Blick auf die Braukessel werfen. Nach wenigen Hundert Metern erreichen Sie Ihren Ausgangspunkt.

☺ Sollten Sie nun Durst auf ein kühles Blondes bekommen haben, können Sie im Zielbereich etwas dagegen tun. Es warten verschiedene gastronomische Betriebe auf Sie, die das im Ort gebraute Zunft Kölsch im Angebot haben. Prost!

18 Bauernhofweg – Lohmar

Tour für Naturliebhaber

Der Bauernhofweg steht ganz im Zeichen der Natur und erlaubt interessante Einblicke in die heutige Landwirtschaft. So gibt es neben Feldern und Viehweiden auch Höfe, Tierbegegnungen und sogar ein Biogaskraftwerk am Wegesrand. Für die kleinen Wanderer hält die Maus wieder spannende Fragen bereit. Der Weg eignet sich jedoch nicht für die Mitnahme eines Buggys.

Start/Ziel: Parkplatz am Bahnhof Honrath, Jexmühle, 53797 Lohmar, GPS N 50°54.628' E 007°15.109'

12,6 km

4 Std.

288 m/288 m

75-213 m

18 (weiße Zahl auf rotem Grund), Wegweiser an allen Abzweigungen

überwiegend Feld- und Wirtschaftswege, teilweise verkehrsarme Straßen und kürzere Wiesenpassagen, siehe Anmerkung zum Landschaftsbild im Wandel – Seite 13

Bauerngut Schiefelbusch (km 3,2), Gammersbacher Mühle (km 5,5), Hotel Schloss Auel (km 10,3)

> 10 Rastbänke verteilt über die gesamte Weglänge, besonders zu erwähnen: Picknickplatz mit Abfalleimer und schöner Aussicht (km 2,7), Rastbänke mit Blick auf den Golfplatz ab km 9,7

Es handelt sich um einen Mausweg. Der Weg ist jedoch aufgrund der Länge und des Profils für Kinder schon recht anspruchsvoll.

Es gibt einige Passagen mit schmalen Waldwegen und sehr steilen An- bzw. Abstiegen, sodass das Mitführen eines Buggys nicht angeraten ist.

Der Untergrund ist abwechslungsreich und es gibt einige Wasserstellen: Bäche erreichen Sie bei km 0,9 und km 4,3 (neben der Straße), eine „Hundetankstelle" an der Gammersbacher Mühle bei km 5,6 und das Aggerufer bei km 8,8.

Am Bahnhof in Honrath finden Sie kostenfreie Parkplätze.

Von Köln Hbf fahren Sie mit dem Zug RB25 bis zum Bahnhof Honrath.

Auf dem Parkplatz des Bahnhofs Honrath starten Sie die Wanderung. Von der Infotafel A aus wenden Sie sich nach rechts auf den Gehweg entlang der Straße, überqueren nach wenigen Metern die Gleise, folgen der Markierung durch die Siedlung und treffen auf einen Wirtschaftsweg. Bei Infotafel B wenden Sie sich nach links und erreichen kurz darauf die Geflügelauffangstation Lohmar (km 0,6).

Hier werden Tiere aus den umliegenden Tierheimen aufgenommen und können ihren Lebensabend in natürlicher Umgebung verbringen. Vor der Station stehen Regale mit verschiedenen Dingen, die Sie erwerben können. Das Entgelt wird in eine aufgestellte Spendenbox entrichtet. Mit dem Erlös wird die Auffangstation betrieben.

Folgen Sie nun dem Weg weiter geradeaus leicht bergan, die Markierung ist etwas verdeckt angebracht. Bei km 1 trennen sich die Wegführung des Streifzuges und des Bergischen Weges, Sie wandern weiter geradeaus. Auf der Anhöhe angekommen treten Sie aus dem Wald (km 1,6), wenden sich nach links und gehen an der Straße entlang. Überqueren Sie diese erst nach ca. 50 m und folgen Sie dann der gegenüberliegenden verkehrsarmen Straße zwischen Feldern hindurch. Genießen Sie den herrlichen Weitblick (km 2,1)!

Rastplatz mit Weitsicht

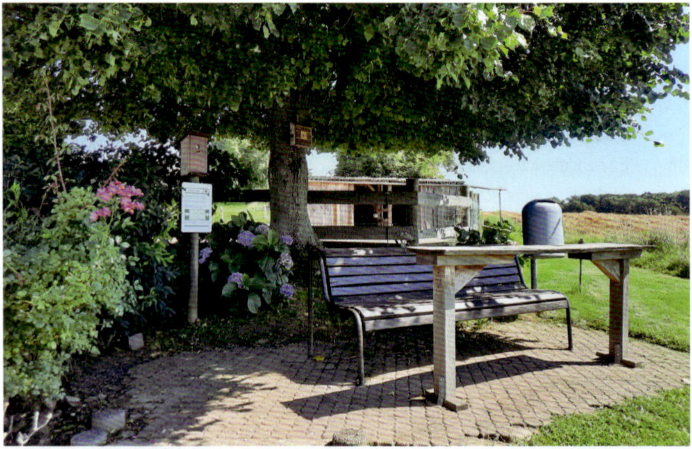

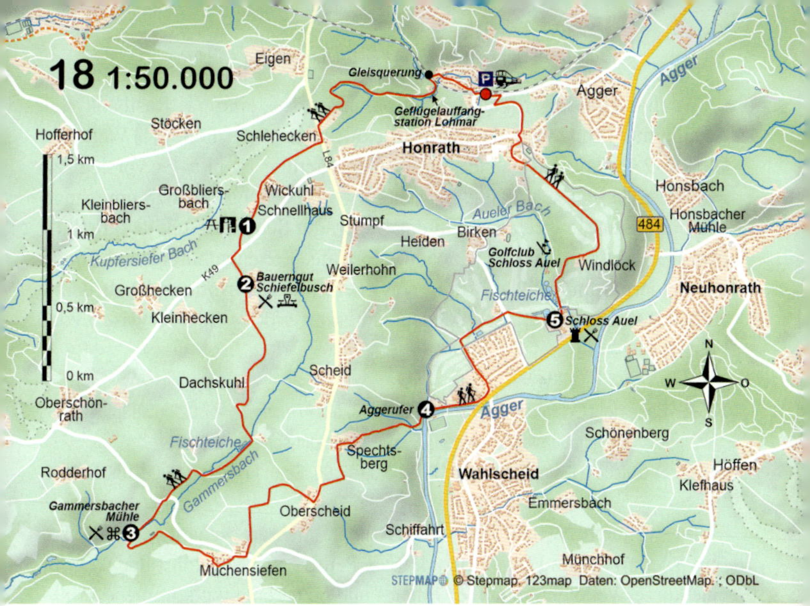

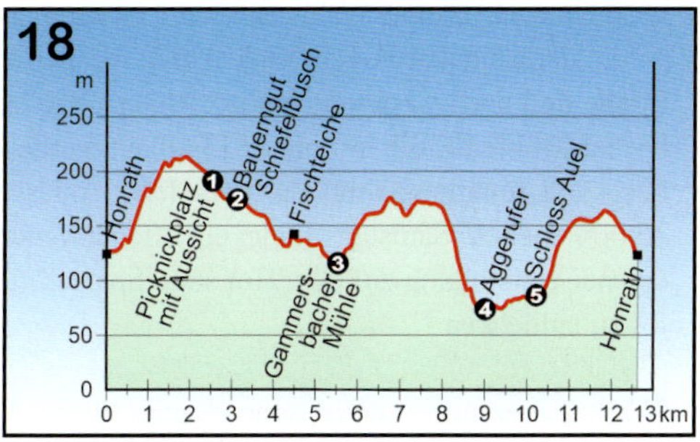

Unterwegs erfahren Sie Spannendes über die Kartoffel, die heute nicht mehr aus unserer Küche wegzudenken ist. Sie wurde erst im 16. Jahrhundert durch die spanischen Eroberer aus Südamerika mitgebracht und war zunächst nicht sehr beliebt auf deutschen Tellern. Erst Friedrich der Große brachte durch einen Trick die Bevölkerung dazu, sich der Kartoffel anzunehmen. Er ließ nämlich seine Kartoffelfelder bewachen und weckte so die Neugier, denn etwas, was bewacht werden muss, sollte wohl wertvoll sein, so der Gedanke.

Später erließ er tatsächlich auch noch einen „Kartoffelbefehl“, in dem er anordnete, Kartoffeln anzubauen, wo immer es möglich war.

Wenige Hundert Meter weiter passieren Sie eine Rastbank mit Abfalleimer (km 2,5) und einen Picknickplatz mit schöner Weitsicht ❶ (km 2,7). Die anstehende Straßenüberquerung ist mit Vorsicht zu genießen, da hier sehr schnell gefahren wird. Dies wird jedoch umgehend belohnt, denn Sie erreichen nun das Bauerngut Schiefelbusch ❷ (km 3,2). Das Gut bietet ein Bauernlädchen, ein Café, Ferienwohnungen, Blumen auf Feldern zum Selbstpflücken sowie ein Maislabyrinth und lädt damit zum Verweilen ein. Zur passenden Jahreszeit gibt es Spargel frisch vom Feld.

Bauerngut Schiefelbusch, Schiefelbusch 3, 53797 Lohmar, ☏ 022 05/835 54,
info@bauernlaedchen.de, www.bauerngut-schiefelbusch.de,
Gutscafé Do u. Fr 9:00-18:00, Sa 9:00-17:00, So u. Feiertage 13:00-18:00

Im weiteren Verlauf des Weges laden mehrere schattige Bänke (km 3,5, km 3,9 und km 4,2) zu kurzen Pausen ein. Nun führt der Weg für eine kurze Weile entlang eines Baches und bietet eine willkommene Trinkmöglichkeit für Ihren Vierbeiner. Biegen Sie dann der Markierung folgend rechts in einen breiten Waldweg ab und wandern Sie an Fischteichen vorbei.

An der nächsten Rastbank (km 5) wenden Sie sich nach links auf die Straße und nach wenigen Hundert Metern erreichen Sie die ⌘ Gammersbacher Mühle ❸, die im Jahr 1613 erbaut wurde. Die Mühlenanlagen sind noch voll funktionsfähig. Zu besonderen Anlässen kann man sie noch in Aktion erleben. Samstags findet ein offener Verkauf von Steinofenbrot aus eigener Herstellung auf dem Hof statt. Speziell für Kinder gibt es hier vieles zu entdecken.

⌘ Gammersbacher Mühle, Gammersbacher Mühle 1, 53797 Lohmar,
☏ 022 05/841 97, gammersbacher-muehle@t-online.de,
www.gammersbacher-muehle.de, Sa, So u. Feiertage ab 11:00

Am Pferdestall vorbei führt nun ein schmaler Pfad über unwegsames Gelände bergauf zur Ortschaft Muchensiefen mit ihren wunderschönen alten Fachwerkhäusern. Nach Verlassen der Ortschaft passieren Sie den Schöpcherhof mit seiner Biogasanlage, die mit Abfällen und Gülle betrieben wird.

Im weiteren Verlauf wechseln sich Wiesen- und Wirtschaftswege ab, eine Rastbank (km 7,4) lädt zur Pause ein und an der Infotafel I genießen Sie zunächst die herrliche Weitsicht, bevor Sie sich nach links auf den Wiesenweg wenden. Es folgt ein kurzes Stück Straße, dann tauchen Sie wieder in den Wald ein. Hier können Sie mit etwas Glück Rehe beobachten.

Die nächste Rastbank (km 8,7) liegt gut versteckt oberhalb des Weges. Weiter dem Streifzug bergab folgend erreichen Sie nun das Aggerufer ❹. Sie bleiben links der Agger und gehen weiter der Markierung nach. So entdecken Sie bald die Grünflächen des Golfplatzes. Der Weg führt nun zwischen den Fairways entlang und immer wieder an Rastbänken mit Blick auf den Golfplatz vorbei. Das ⌘ Schloss Auel ❺ bietet eine Einkehrmöglichkeit in eindrucksvoller Kulisse.

Pferdestall der Gammersbacher Mühle

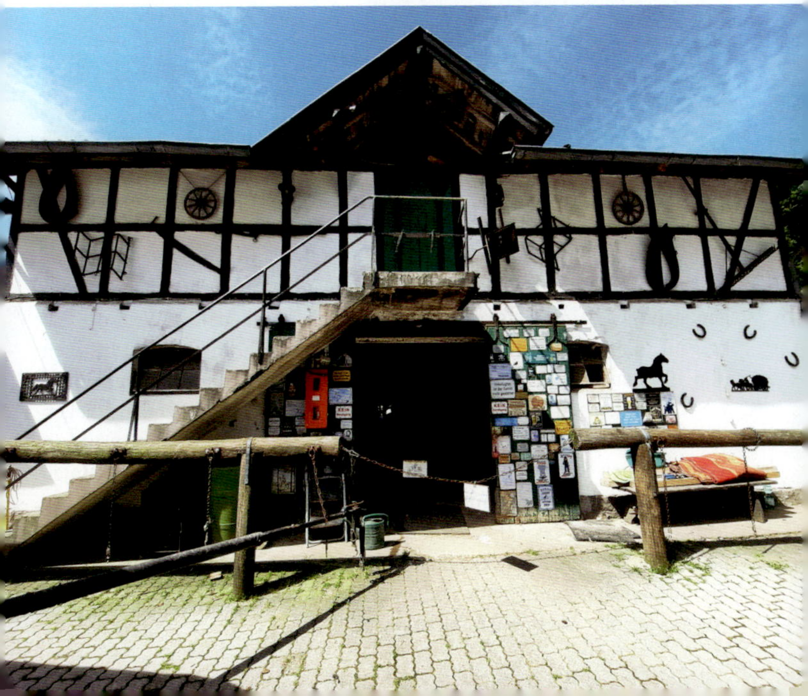

Schloss Auel, Haus Auel 1, 53797 Lohmar-Wahlscheid, ☏ 022 06/600 30, hotel@schlossauel.de, www.schlossauel.de, Bistro mit Gartenterrasse täglich ab 12:00

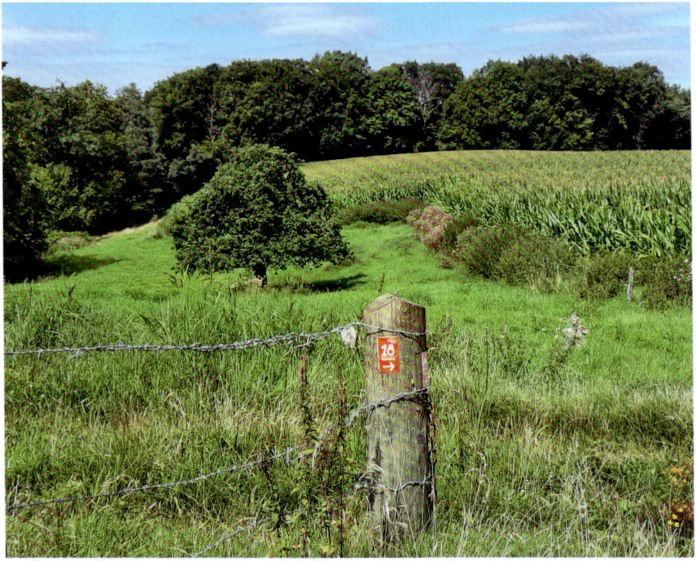

Unterwegs auf dem Bauernhofweg

Auf dem weiteren Weg passieren Sie linker Hand Fischteiche und wenden sich hier halb rechts auf einen schmalen, geschotterten Weg, der Sie bergauf führt. Oben angekommen verlassen Sie den Wald über 14 Stufen (km 10,9) und folgen weiter der Markierung über einen Höhenweg. Unterwegs erwarten Sie noch weitere Rastbänke mit herrlichen Ausblicken auf das gepflegte Grün und die bergische Hügellandschaft. Im weiteren Verlauf gehen Sie die Straße auf der linken Seite auf einem abgetrennten Randstreifen bergab, überqueren sie an einer Rastbank und biegen rechts in einen etwas versteckt liegenden, sehr schmalen Pfad ab. Sie folgen diesem für ein kurzes Stück und treten im Tal angekommen wieder auf die Straße. Nun sind es nur noch wenige Meter nach links bis zu Ihrem Ausgangspunkt am Bahnhof Honrath.

19 Kräuterweg – Neunkirchen-Seelscheid

Tour für Naturliebhaber

Dieser Wanderweg führt durch zwei Naturschutzgebiete und lädt zu einem Naturerlebnis der besonderen Art ein. Es gibt unterwegs keine Einkehrmöglichkeit, der Tisch am Wegesrand ist jedoch je nach Jahreszeit reich gedeckt. Neben einer Vielzahl von Kräutern, die auf den zwölf Infotafeln anschaulich erklärt werden, können Sie verschiedene wilde Beeren sowie wilde Kirschen genießen. Entdecken Sie den Unterschied zu den heute so weit verbreiteten Zuchtprodukten und schmecken Sie den ursprünglichen, natürlichen Geschmack aufs Neue. Auch die Suche nach den beschriebenen Kräutern ist spannend. Gehen Sie auf Entdeckungsreise in die Natur.

Start/Ziel: Parkplatz Am Ehrenmal in 53819 Neunkirchen-Seelscheid/Ortsteil Seelscheid, GPS N 50°52.442' E 007°19.302'

16 km

4 Std. 30 Min. bis 5 Std.

449 m/449 m

111-224 m

19 (weiße Zahl auf rotem Grund), Wegweiser an allen Abzweigungen

größtenteils breite Wald- und Wirtschaftswege, kurze matschige Abschnitte, kurze wurzeldurchsetzte Passagen, siehe Anmerkung zum Landschaftsbild im Wandel – Seite 13

Es gibt unterwegs keine Einkehrmöglichkeit, Sie sollten also ausreichend Proviant mitnehmen. Je nach Jahreszeit können Sie am Wegesrand wilde Beeren naschen. Sie finden im Ortskern von Seelscheid verschiedene Einkehrmöglichkeiten, wo Sie sich nach der Wanderung stärken können.

> 10 Rastbänke verteilt über den gesamten Weg, Jupp-Willms-Schutzhütte (km 3,2), Schutzhütte mit Weitblick (km 6,9), Rastbank mit Ausblick (km 14,0)

Der Weg ist aufgrund der Länge für Kinder recht anspruchsvoll.

Der Weg eignet sich nicht für die Mitnahme eines Buggys.

Der Untergrund ist abwechslungsreich. Sie queren insgesamt dreimal Bäche. Der Weg verläuft teilweise durch Naturschutzgebiete, dort müssen Hunde angeleint werden.

P Der Parkplatz Am Ehrenmal bietet ausreichend kostenfreie Parkplätze.

Von Köln Hbf fahren Sie mit dem Zug RE9 oder der S-Bahn S12 bis Siegburg Bf und von dort mit der Buslinie 576 bis zur Haltestelle „Seelscheid Post". Wenden Sie sich in die Breite Straße und folgen Sie dieser für wenige Hundert Meter zum Startpunkt am Wanderparkplatz Am Ehrenmal.

Sie starten auf dem Wanderparkplatz Am Ehrenmal im Ortsteil Seelscheid und gehen in der linken hinteren Ecke (mit der Zufahrt von der Straße aus im Rücken) hoch in den Ort. Nach ca. 300 m erreichen Sie den Kirchplatz der katholischen Kirche ✞ St. Georg mit ⩩ Rastbänken. Der Kirchturm stammt aus dem 12./13. Jahrhundert und ist damit das älteste noch erhaltene Bauwerk im Ortsteil Seelscheid.

Rechts neben der Kirche führt Sie der Weg der Markierung folgend durch den alten Ortskern vorbei an verschiedenen ✕ Einkehrmöglichkeiten und der evangelischen ✞ Kirche mit ⩩ Rastbänken. Bei km 1 verlassen Sie den Ort und tauchen über einen Wirtschaftsweg in die Natur ein. Achten Sie nun am Wegesrand auf die ersten Kräuter.

Die Infotafel B (km 1,3) widmet sich der Kamille und ihrer jahrtausendealten Geschichte. Die Pflanze zeichnet sich durch vielfältige Einsatzmöglichkeiten im Heilbereich aus, sowohl als Tee als auch für Umschläge, Dampfbäder und vieles mehr. Leider sieht man die Kamille in der heutigen Zeit nur noch selten, da sie sich besonders am Rande von Getreidefeldern wohlfühlt und dort über lange Zeit bekämpft wurde. Dennoch werden in Deutschland unglaubliche 5.000 Tonnen Kamille pro Jahr in verschiedenster Darreichungsform gehandelt.

Wenden Sie sich nun nach rechts, es geht leicht bergab. Von nun an wechseln sich Waldpassagen mit Wiesen und Feldern ab. Genießen Sie die Stille der Natur. Nach ca. 300 m, an der nächsten ⩩ Rastbank, erfahren Sie etwas über den von Aberglauben umrankten Holunder, der dank seiner Blüten, aus denen sich köstlicher Sirup herstellen lässt, wieder sehr beliebt geworden ist. Der Holunder ist nicht nur ein vielseitiges Heilmittel, z. B. bei Erkältung und Fieber, sondern diente früher auch dazu, Untaten zu verhindern. So besagt eine alte Redensart: „Wer Holunder bei sich trägt, schreckt vor Ehebruch zurück." Die rohen Beeren eignen sich nicht zum Verzehr, da sie aufgrund ihres Blausäuregehaltes giftig sind.

Folgen Sie nun dem Weg bergab in den Wald. Sie passieren einen Bach, wandern weiter auf einem Wirtschaftsweg am Waldrand entlang und treffen unterwegs auf weitere Kräuterinformationen (km 2,3). Diese sind der Schafgarbe gewidmet, die seit alters her bei Frauenleiden und Durchblutungsstörungen in den Beinen eingesetzt wird.

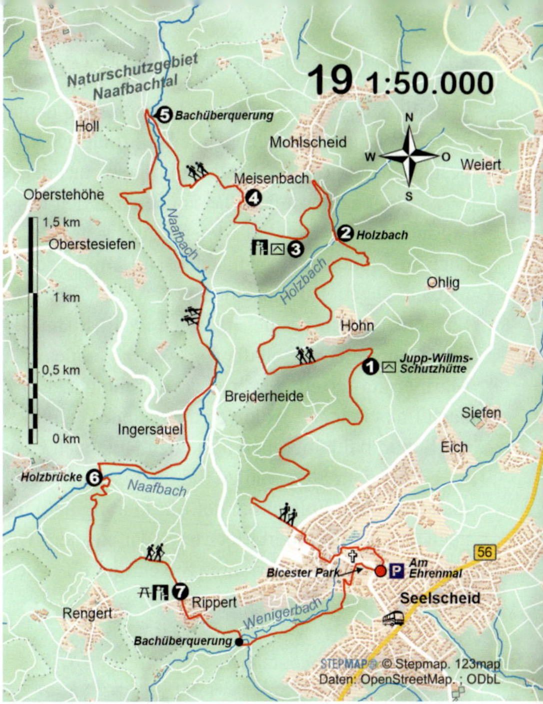

Nutzen Sie den folgenden Weg, um die bereits kennengelernten Kräuter am Wegesrand zu identifizieren. Sie passieren die ⌂ Jupp-Willms-Schutzhütte ❶ (km 3,2) und wandern weiter bis zur nächsten ⩫ Rastbank (km 4,1) mit Infotafel.

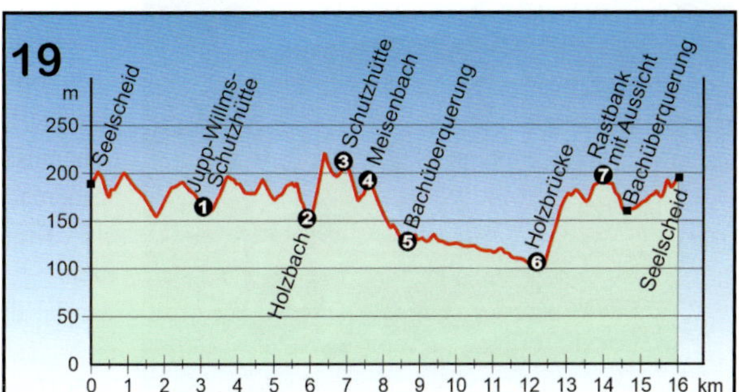

Falls Sie gerade von einem Insektenstich geplagt werden oder sich eine kleine Verletzung zugezogen haben, finden Sie im Spitzwegerich, der hier beschrieben wird, die ideale Heilpflanze aus der Naturapotheke.

Noch ganz vertieft in die Suche nach den passenden Kräutern erfahren Sie nur wenige Hundert Meter weiter schon interessante Details über das nächste Wunder der Natur, den Huflattich, der bereits im 1. Jahrhundert n. Chr. gegen Husten eingesetzt wurde. Dieses neu gewonnene Wissen können Sie sich auf der nächsten Rastbank (km 5,4) einprägen, bevor Sie dann dem Wirtschaftsweg weiter geradeaus leicht bergab folgen. Die Markierung ist etwas versteckt angebracht. Bei km 5,6 wenden Sie sich nach links in einen Waldweg und wandern auf diesem schmalen Pfad bergab. Schon bald überqueren Sie den Holzbach ❷ auf einem Steg (km 5,9).

Hinter dem Steg wählen Sie im Tal den Weg nach rechts, es kann etwas matschig sein. Folgen Sie der Markierung halb links bergan und treten Sie nach wenigen Hundert Metern wieder aus dem Wald auf einen Wirtschaftsweg nach links. Hier erfahren Sie einiges über die vielfältige Wirkungsweise der Birkensäfte.

Picknick an der Schutzhütte

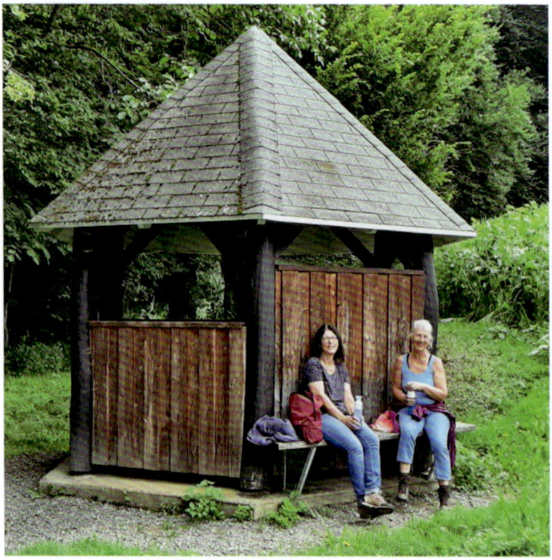

Im weiteren Verlauf des Weges erreichen Sie eine Schutzhütte ❸ (km 6,9) mit herrlichem Blick in die Natur.

Es gibt noch weitere Kräuter zu entdecken. So berichtet die nächste Tafel über das Johanniskraut, das in früheren Zeiten auch als „Kraut des Himmels“ bezeichnet wurde, da die Blüten sich strahlenförmig zum Himmel wenden.

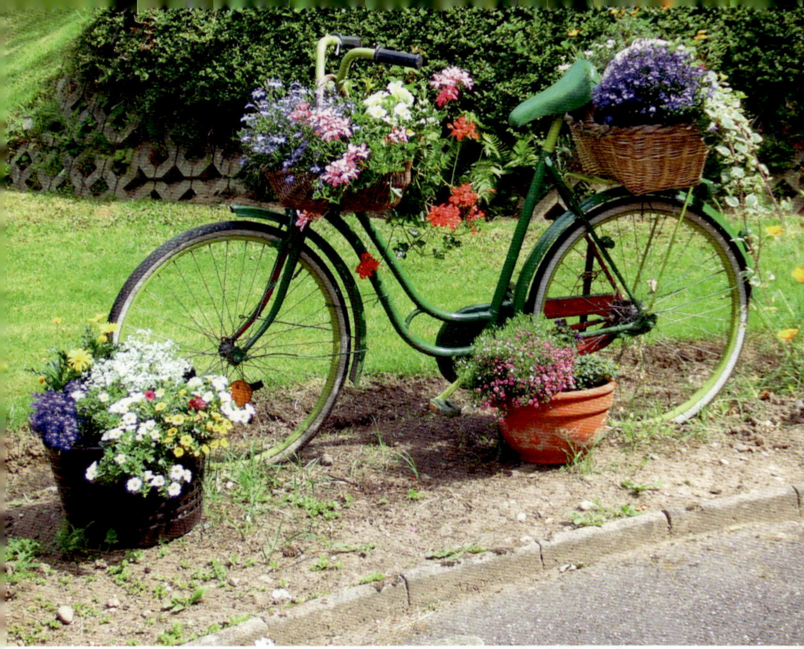

Schönes am Wegesrand

Sie passieren nun die kleine Ortschaft Meisenbach ❹, bevor Sie dann über einen Wirtschaftsweg wieder auf einen Waldweg gelangen. Im weiteren Verlauf erreichen Sie über einen schönen Wiesenweg den Naafbach, den Sie auf einer Brücke ❺ überqueren, und biegen vor der nächsten ⛬ Rastbank der Markierung folgend nach links in den Wald ab. Der Weg verjüngt sich zu einem Pfad umgeben von Farnen, bevor Sie wieder zurück ins malerische Naafbachtal kommen. Bald erreichen Sie für ein kurzes Stück eine verkehrsarme Straße, die Sie links auf eine kleine Feldstraße wieder verlassen. Hier erwarten Sie weitere ⛬ Rastbänke sowie interessante Informationen zur „Schmarotzerpflanze" Mistel.

Folgen Sie der Markierung links ab bis zu einer Holzbrücke ❻ über den Naafbach. Dann gehen Sie links einen unebenen Waldweg bergauf, der streckenweise matschig sein kann. Bevor Sie an der nächsten ⛬ Rastbank nach links abbiegen, können Sie sich noch die Vorzüge und die vielfältigen Anwendungsmöglichkeiten der Wilden Malve erläutern lassen.

Im Verlauf des Weges passieren Sie eine ⛩ Rastbank ❼ mit einem herrlichen Blick über die Bergischen Höhen. Der weitere Weg führt jetzt durch die Ortschaft Rippert und im Anschluss durch das Naturschutzgebiet Wenigerbachtal, in dem Hunde anzuleinen sind.

Der Markierung folgend überqueren Sie den Wenigerbach, bleiben auf dem geteerten Weg und biegen an einer Dreierweggabelung an der ⛩ Rastbank links ab und erreichen dann eine weitere Informationsstation, die der Brennnessel gewidmet ist. Kurz darauf erfahren Sie an der letzten Station noch Wissenswertes über die im doppelten Sinne schweißtreibende Wirkung der Linde. Die Linde bewährt sich nicht nur als natürliches Heilmittel, im Mittelalter wurde unter Linden auch Recht gesprochen, was so manchem Angeklagten den Schweiß auf die Stirn trieb.

Kurze Verschnaufpause auf einer natürlichen Rastbank

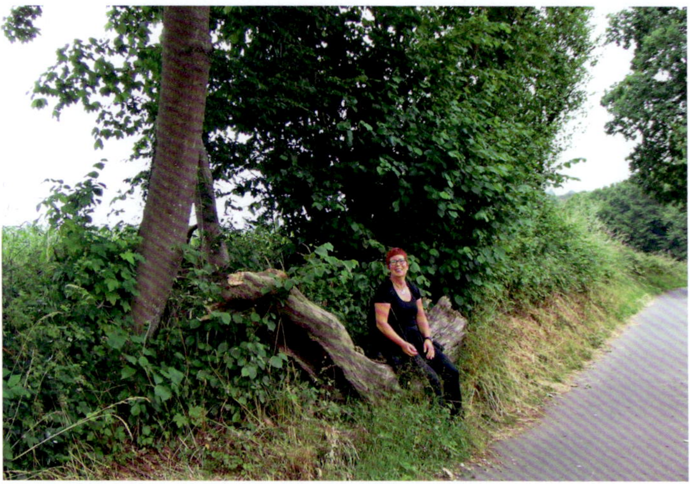

Unmittelbar nach dieser Station gelangen Sie in den Bicester-Park, wo Sie ⛩ Rastbänke und einen Picknickplatz sowie eine ⌘ Ausstellung historischer landwirtschaftlicher Geräte vorfinden. Aus dem Park heraus überqueren Sie die Straße und erreichen nun das Ziel und gleichzeitig Ihren Ausgangspunkt auf dem Wanderparkplatz Am Ehrenmal.

20 Böllweg – Much

Tour für Geschichts- und Literaturinteressierte sowie für Naturliebhaber

Dieser Weg ist dem Kölner Schriftsteller Heinrich Böll, Nobelpreisträger für Literatur, gewidmet und führt Sie zu verschiedenen Stationen, die im Zweiten Weltkrieg überlebenswichtig für ihn waren. Gleichzeitig können Sie die herrliche Natur des Bergischen Landes genießen. Da weite Teile der Tour über asphaltierte Wege führen, eignet sich der Streifzug bis auf wenige kurze Stücke auch bei schlechterem Wetter für eine schöne Wanderung.

Start/Ziel: FIT-Hotel, Berghausen 30, 53804 Much, GPS N 50°54.103' E 007°25.420'

12 km

3 Std. 30 Min. bis 4 Std.

256 m/256 m

174-279 m

20 (weiße Zahl auf rotem Grund), Wegweiser an allen Abzweigungen

hauptsächlich asphaltierte Straßen und gut befestigte Wirtschaftswege

Angelpark Ortsiefen/Fischerhütte (km 3,7)

> 10 Rastbänke gleichmäßig über die Wegstrecke verteilt

Der Weg ist aufgrund der Länge für Kinder etwas anspruchsvoll, weist jedoch keine zusätzlichen Herausforderungen auf. Bei km 8,5 führt der Weg für ca. 500 m entlang einer befahrenen Straße über einen schmalen Pfad. Hier ist erhöhte Aufmerksamkeit gefordert.

Der Weg eignet sich für die Mitnahme eines Buggys. Für einige Hundert Meter (ab km 5,5) führt die Route über einen Feld- und Wiesenweg. Es sollte deshalb besser ein geländegängiger Buggy gewählt werden.

Der Untergrund ist hauptsächlich Asphalt, bietet jedoch häufig Grünstreifen neben der Straße. Bei km 1, km 3,9 und km 9 kommen Sie an Bäche. Zum Ende hin führt der Weg für ca. 500 m an einer viel befahrenen Straße entlang, hier sollten Sie besonders aufmerksam sein.

Am FIT-Hotel im Start-/Zielbereich befinden sich kostenfreie Parkplätze.

Für diesen Weg gibt es keine Anbindung an den öffentlichen Nahverkehr.

Der Start befindet sich auf dem Parkplatz des FIT-Hotels in Much. Das Hotel ist ein Integrationsbetrieb der Lebenshilfe. Sie wandern vom Parkplatz aus auf der Straße nach rechts am Hoteleingang vorbei und folgen der Markierung (weiße 20 auf rotem Untergrund). Schon nach ca. 200 m passieren Sie eine erste Rastbank mit einem herrlichen Fernblick.

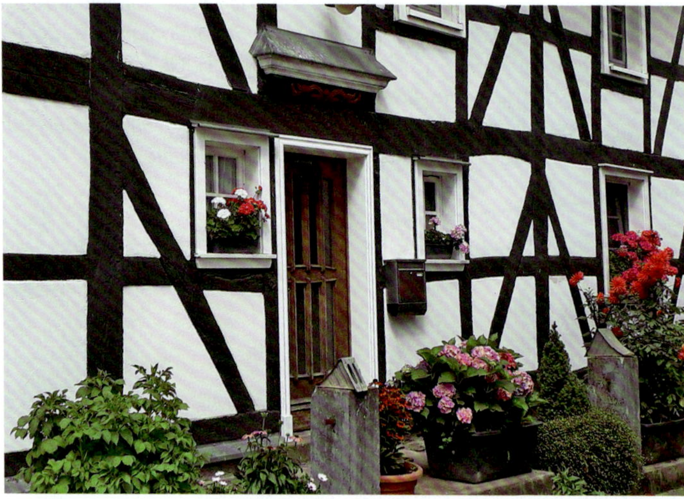

Zufluchtsort für Bölls Frau bei Bauer Franken

Die Wanderung ist dem Kölner Schriftsteller Heinrich Böll gewidmet, für den Much und Umgebung während des Zweiten Weltkrieges von besonderer Bedeutung waren. In Marienfeld fanden seine Frau Annemarie und er Unterschlupf, nachdem ihre Wohnung in Köln 1944 ausgebombt wurde.

Im weiteren Verlauf geht es zunächst nach links leicht bergab über eine verkehrsarme Straße, gefolgt von einer Passage auf einem Wirtschaftsweg, dann wenden Sie sich an der nächsten Rastbank (km 1,6) nach links. Auf der rechten Seite des Weges finden Sie ein interessantes Zitat von Heinrich Böll an einer Hausfassade.

An der folgenden Straßengabelung ❶ bietet sich ein kleiner Abstecher zum ⌘ Technik- und Bauernmuseum an. Hierzu wenden Sie sich nach rechts und finden es nach ca. 180 m auf der rechten Seite.

⌘ Technik- und Bauernmuseum, Berzbach 20, 53804 Much, ☏ 022 45/46 23, museum.berzbach@web.de, http://technik-und-bauern-museum.com, Fr 14:00-17:00, Sa 10:00-13:00

Auf dem Hauptweg erreichen Sie nach Verlassen des Ortes eine Rastbank unter wilden Kirschbäumen, die zur passenden Jahreszeit zum Naschen einladen. Die nächsten Rastbänke (km 2,4) liegen idyllisch unter Bäumen mit schönem Blick auf Weiden und bergische Höhen.

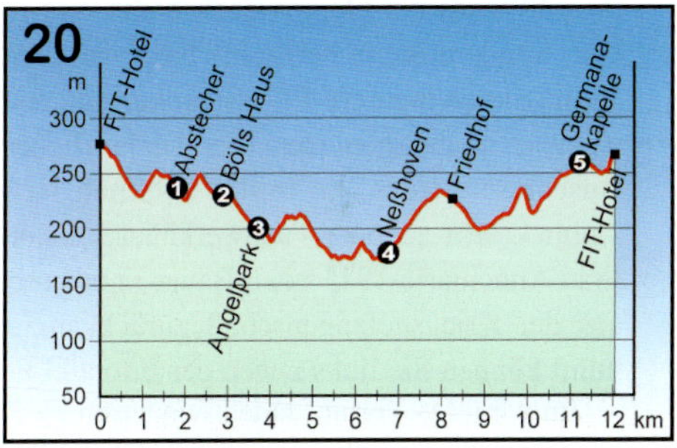

Wenig später erreichen Sie den Ortseingang von Marienfeld. Hier passieren Sie das Haus ❷, in dem Heinrich Böll während des Kriegswinters 1944/45 wohnte (km 2,8). Heute befindet sich darin eine Postfiliale.

Kurz vor der katholischen Kirche ✝ St. Mariä Himmelfahrt, die im 19. Jahrhundert aus Grauwacke erbaut wurde, biegen Sie der Markierung folgend links in eine Wohnstraße ab und wandern auf dieser bergab. So erreichen Sie den Angelpark Ortsiefen ❸ (km 3,7) mit seiner ✕ Fischerhütte, die zum Einkehren einlädt.

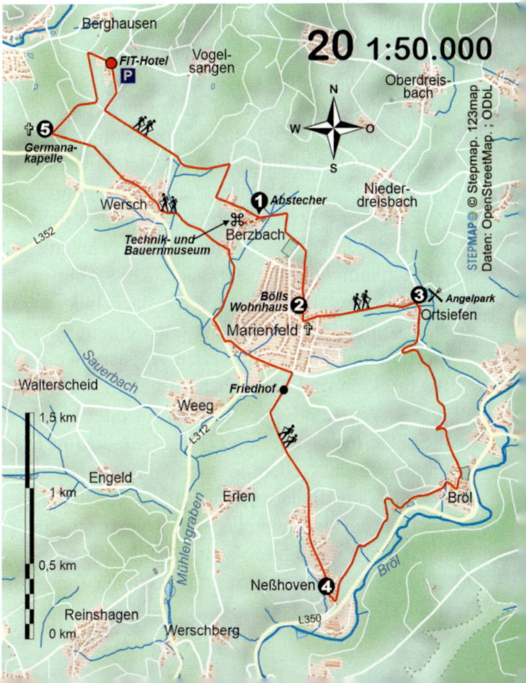

✕ Angelpark Ortsiefen – Fischerhütte, Ortsiefen 12, 53804 Much, ☏ 022 45/611 95 62, www.angelpark-ortsiefen.de, Oktober bis März Do-Mo 8:00-17:00, April bis September Do-Mo 7:00-17:00, Di u. Mi Ruhetag

Kurz hinter dem Angelpark biegen Sie rechts in einen Wiesenweg ab (km 3,9), wo ein kleiner Bach quert, und folgen weiter der Markierung. Nun wandern Sie in herrlicher Natur durch Wälder und über Wiesenwege, Sie passieren mehrere Rastbänke, nehmen Sie sich für diesen Teil etwas mehr Zeit und genießen Sie die herrlichen Weiten und die Ruhe. Im Anschluss werden Sie in der Ortschaft Neßhoven ❹ (km 6,8) mit dem Anblick sehr schöner Fachwerkhäuser belohnt. In Neßhoven hatte Bölls Frau Annemarie 1945 beim Bauer Franken eine Bleibe gefunden, als Böll aus der Kriegsgefangenschaft zurückkam. Annemaries damalige Unterkunft können Sie links neben der Infotafel E noch sehen.

Im weiteren Verlauf laden wiederum Rastbänke zum Verweilen ein, bevor Sie den Friedhof Marienfeld (km 8,2) erreichen, auf dem Bölls Sohn Christoph beerdigt wurde, der wenige Wochen nach seiner Geburt im Jahr 1945 verstarb.

Gleich nach dem Friedhof biegen Sie nach links ab und gehen auf einem schmalen Trampelpfad an einer viel befahrenen Straße entlang. Hier ist für die nächsten ca. 500 m erhöhte Vorsicht geboten, bevor der Weg nach rechts in einen kleinen Park mündet. Hier finden Sie nochmals Rastbänke. Gönnen Sie sich eine kleine Verschnaufpause, bevor Sie rechts in eine verkehrsarme Straße einbiegen. Entlang dieser Straße verläuft ein kleiner Bach, der eine willkommene Trinkgelegenheit für Ihre Vierbeiner bietet. Am Ortseingang von Berzbach (km 9,4) erwartet Sie eine weitere Rastbank. Kurz dahinter biegen Sie nach links in einen Feldweg ab und erreichen so die nächste Bank unter einem Baum. Folgen Sie weiter der Markierung und entdecken Sie am Wegesrand ein Insektenhotel, dessen Nutzen für Insekten und Menschen anschaulich erklärt wird.

Der Wirtschaftsweg führt nun weiter leicht bergauf und so erreichen Sie die ✝ Germanakapelle ❺ (km 11,2), die um 1714 als Dreifaltigkeitskapelle erbaut wurde. Neben der kleinen Kirche befindet sich ein schöner Rastplatz mit herrlichem Weitblick. Vor der Kapelle wandern Sie nun rechts hoch weiter und genießen noch einen schönen Blick auf die Natur. Sie passieren eine letzte Rastbank, bevor Sie rechts abbiegen, noch ca. 200 m bergauf wandern und so wieder Ihren Ausgangspunkt am Parkplatz des FIT-Hotels erreichen.

21 Klangpfad – Nümbrecht

Tour für Naturliebhaber

Hier im heilklimatischen Kurort Nümbrecht können Sie sich ganz mit einem Ihrer sieben Sinne beschäftigen, und zwar mit dem Hörsinn. Interessante Geräuscherlebnisse und spannende Entdeckungen wechseln sich mit viel Natur und wohltuender Ruhe auf diesem relativ kurzen, aber sehr kurzweiligen Weg ab. Sie werden herrliche Ausblicke in die bergische Natur, schattige Wege und leichte Steigungen vorfinden.

Start/Ziel: Parkplatz am Schloss Homburg, Schloss Homburg 1, 51588 Nümbrecht, GPS N 50°54.907' E 007°32.360'

6,1 km

2 Std.

155 m/155 m

249-350 m

21 (weiße Zahl auf rotem Grund), Wegweiser an allen Abzweigungen

hauptsächlich Wald- und Wirtschaftswege, am Spreitgerbach teilweise matschig, Wiesenwege etwas unwegsam, siehe Anmerkung zum Landschaftsbild im Wandel – Seite 13

Es gibt keine Einkehrmöglichkeit auf diesem Weg.

> 10 Rastbänke über den gesamten Weg verteilt, Schutzhütte (km 1,4), Picknickplatz (km 1,7)

Der Weg bietet viel Abwechslung und Möglichkeiten für spannende Entdeckungen.

Die Route eignet sich für die Mitnahme eines Buggys. Für ca. 200 m auf halber Strecke (ab km 3,2) führt die Route über einen Wiesenweg. Im weiteren Verlauf folgen noch drei kurze Passagen von jeweils ca. 100 m über Wiesenwege und ein kurzes Stück über einen steinigen Waldweg. Ein geländegängiger Buggy ist deshalb zu empfehlen.

Sie wandern hauptsächlich auf Wald- und Wiesenwegen mit kurzen Straßenabschnitten. Etwa auf halber Strecke (ab km 3,4) führt der Weg an einem Bach entlang.

Am Schloss Homburg im Start-/Zielbereich befinden sich kostenfreie Parkplätze.

Für diesen Weg gibt es keine Anbindung an den öffentlichen Nahverkehr.

Sie beginnen Ihre Wanderung auf dem Parkplatz von ♜ ⌘ Schloss Homburg. Entstanden ist das Schloss, welches heute als ein moderner, kulturhistorischer Ausstellungsort fungiert, aus einer mittelalterlichen Höhenburg, die sich im Besitz der Grafen von Sayn befand.

♜ ⌘ Museum Schloss Homburg, Kulturhistorisches Museum, Schloss Homburg 1, 51588 Nümbrecht, ☏ 022 93/910 10, 💻 www.schloss-homburg.de, 🚪 April bis Oktober Di-So 10:00-18:00, November bis März Di- So 10:00-16:00, Mo Ruhetag

Schloss Homburg

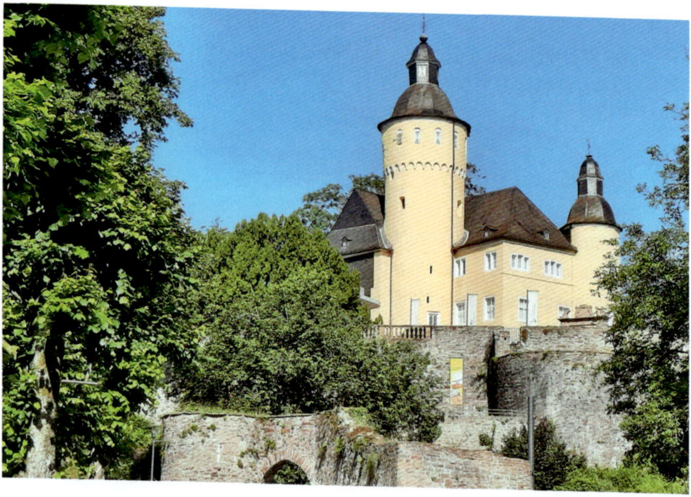

Wenden Sie sich an der Startinfotafel nach links der Markierung folgend (weiße 21 auf rotem Grund) auf einen Waldweg, der unterhalb der Straße verläuft. Nach knapp 500 m kommen Sie an eine Wegkreuzung mit einer ⛼ Rastbank und Abfalleimer.

Hier wenden Sie sich nach links und erreichen nach ca. 150 m auf der rechten Seite eine erste Entdeckungsstation: den Summstein ❶. Probieren Sie es aus, stecken Sie Ihren Kopf in die Aushöhlung und fühlen Sie die Schwingungen, die bei Ihrem Summen entstehen.

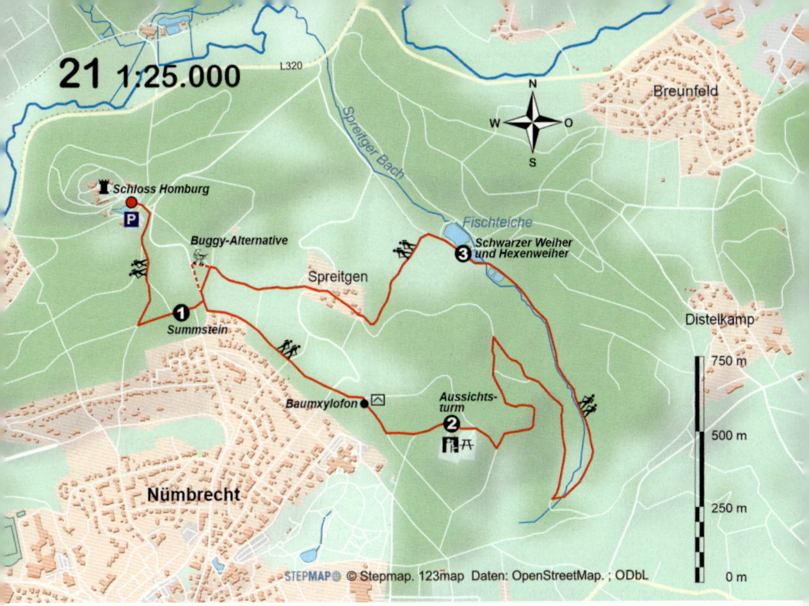

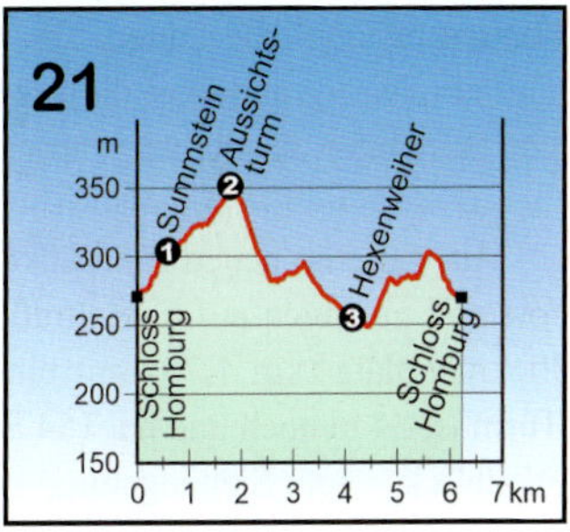

Kurz hinter dem Summstein wartet eine weitere Rastbank (km 0,65) auf Sie, eine gute Möglichkeit, um das gerade Erlebte zu verinnerlichen.

An der folgenden T-Kreuzung wenden Sie sich auf der Straße nach rechts und folgen dem Wegweiser „Hinweg". Es begleitet Sie eine herrliche Weitsicht über Wiesen und Wälder des Bergischen Landes. Nach wenigen Hundert Metern erreichen Sie die nächste Erlebnisstation. Die Hörtafel vermittelt Ihnen einen lebendigen Eindruck vom vielfältigen Leben auf einer Streuobstwiese.

Nun wandern Sie auf einem Wirtschaftsweg weiter, an dessen Rand Sie in kurzen Abständen Rastbänke mit herrlichem Weitblick finden, bevor Sie sich dann an einer Schutzhütte (km 1,4), nach rechts in den Wald wenden.

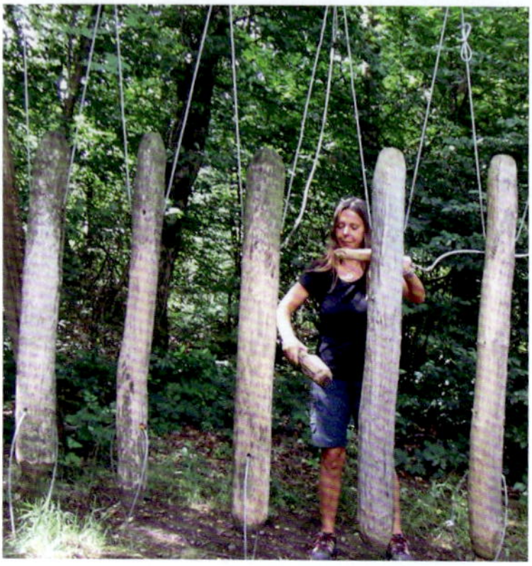

Baumxylofon

Gleich neben der Schutzhütte können Sie sich als Waldmusiker am Baumxylofon versuchen, das aus unterschiedlichen Holzarten besteht. Entdecken Sie die Klänge der verschiedenen Baumarten und spielen Sie Ihre eigene Waldmusik.

Wenig später können Sie Ihr Talent als Spurensucher testen (km 1,55). Bei einem kurzen Abstecher ↳ nach rechts begeben Sie sich auf Fährtensuche und lernen mehr über die Waldbewohner.

Das Gehör ist bei vielen Tieren deutlich besser ausgeprägt als beim Menschen. Sie nutzen häufig andere Frequenzbereiche als der Mensch und können erstaunliche Dinge. Die Gesänge von Walen z. B. sind für jedes Tier einzigartig und über die Ausbreitung der Schallwellen über Hunderte von Seemeilen für die Artgenossen zu hören.

Mit weiteren neuen Eindrücken im Gepäck setzen Sie Ihre Wanderung fort und gelangen auf eine Straße im Wald. Hier treffen Sie auf einen Picknickplatz (km 1,75) mit einem beliebten Aussichtsturm ❷. Der Turm ist 34 m hoch und hat 154 Stufen. Von oben hat man einen herrlichen Weitblick – vom Siebengebirge bis zum Panarbora in Waldbröl (☞ siehe Streifzug 23) und zum Kölner Dom.

Wandern Sie nun der Markierung folgend über einen Waldweg. Bei km 3,1 wenden Sie sich in einer Spitzkehre nach links und gelangen so auf einen Weg entlang einer Feuchtwiese, der für etwa 200 m eine kleine Herausforderung für Ihren Buggy darstellt.

Der anschließende Waldweg verläuft entlang des Spreitgerbachs und bietet eine willkommene Trinkmöglichkeit für Ihre Vierbeiner. Sie überqueren den Bach (km 4,15), der dann in Fischteiche (Schwarzer Weiher und Hexenweiher) ❸ fließt.

Hier lädt eine ⛼ Rastbank (km 4,25) zum Verweilen ein. An diesen Teichen sollen im Mittelalter grauenvolle Hexenproben stattgefunden haben. Denunzierte Frauen wurden an Händen und Füßen gefesselt und in den Teich geworfen. Konnten sie sich über Wasser halten, galten sie der Hexerei überführt und wurden verbrannt.

Der Mensch glaubt häufig, dass Fische stumm sind, da wir selbst Schwierigkeiten haben, uns unter Wasser zu verständigen. Doch Fische „sprechen" sehr wohl, indem sie mit den Zähnen knirschen oder durch das Ablassen von Luft Töne erzeugen. Diese können von ihren Artgenossen mit den Sinnesorganen wahrgenommen werden.

Kurz hinter den Fischteichen (km 4,35) wenden Sie sich nach links in einen Wiesenweg, der nach ca. 200 m in einen unebenen Waldweg übergeht. Hier ist noch einmal etwas Durchhaltevermögen mit dem Buggy gefragt. Dann stoßen Sie wieder auf eine Straße (km 4,7) und passieren kurz darauf eine ⛼ Rastbank (km 4,9) an der ehemaligen Haltestelle der „Oberbergischen Postkutsche", die bis 2018 zwischen Nümbrecht und Wiehl verkehrte. Folgen Sie weiter der Markierung nach links auf die untere Straße. Bei km 5,4 führt der Streifzug für ca. 100 m über einen unwegsamen, schmalen Wiesenweg links hoch.

↳ Falls Sie sich dies mit Ihrem Buggy nicht zutrauen, können Sie diese Passage über einen kleinen Umweg umfahren, indem Sie der Straße weiter bis zur T-Kreuzung folgen und dort links hochgehen. Seien Sie jedoch auf diesem kurzen Stück entlang der Straße vorsichtig, da sich hier kein Gehsteig befindet.

Am Ende des Wiesenwegs wenden Sie sich nach links und schließen nach ca. 50 m den Kreis Ihrer Wanderung. Sie gehen nach rechts über die Straße (km 5,5) und treten den Rückweg zum Parkplatz von Schloss Homburg an. Diesen erreichen Sie nach wenigen Hundert Metern und sind nun an Ihrem Ziel angelangt.

☺ Von der biologischen Station Oberberg beginnen am Parkplatz 1 des Schlosses Naturerlebnispfade, die jederzeit selbstständig erkundet werden können. 💻 www.biostationoberberg.de/naturerlebnispfade.html

22 Fachwerkweg – Ruppichteroth

Tour für Naturliebhaber und Freunde des Zimmerergewerbes

Ruhesuchende sind auf diesem Weg genau richtig. Sie wandern auf einsamen, sonnigen Wegen durch idyllische Hofschaften und entdecken die bergischen Fachwerkbauten und die natürliche Umgebung. Ganz nebenbei erfahren Sie auf den Infotafeln Interessantes zur Geschichte dieser facettenreichen Bauweise. Sie bewegen sich hauptsächlich auf verkehrsarmen Straßen und genießen immer wieder herrliche Blicke in die Natur und auf die alten Höfe. Unterwegs gibt es verschiedene Gelegenheiten, den mitgebrachten Proviant in schöner Umgebung zu verzehren.

Start/Ziel: Burgplatz, 53809 Ruppichteroth, GPS N 50°50.706' E 007°28.927'

11,6 km

3 Std.

284 m/284 m

172-283 m

22 (weiße Zahl auf rotem Grund), Wegweiser an allen Abzweigungen

hauptsächlich Wirtschaftswege und verkehrsarme Straße, kurze unwegsame Passagen, siehe Anmerkung zum Landschaftsbild im Wandel – Seite 13

Es gibt unterwegs keine Einkehrmöglichkeit. Sie sollten ausreichend Proviant mitnehmen oder sich im Start-/Zielbereich stärken. Hier gibt es verschiedene Einkehrmöglichkeiten.

> 10 Rastbänke gleichmäßig über die Wegstrecke verteilt, z. B. Rastbank mit Blick über Felder und Höhen (km 1,8), Rastbank unter Walnussbaum (km 2,4), Picknickplatz (km 7,4)

Wenige Hundert Meter nach dem Start finden Sie Lebensmittelgeschäfte für Ihren Proviantkauf.

Aufgrund der Länge ist der Weg für Kinder etwas anspruchsvoll, weist jedoch keine zusätzlichen Herausforderungen auf.

Der Weg eignet sich für die Mitnahme eines Buggys. Für ein kurzes Stück (ab km 5,4) wird es etwas uneben und in der Folge schließt sich für ca. 150 m ein Wiesenweg an. Im weiteren Verlauf gibt es noch eine kleine Herausforderung: einen Feld-/Wiesenweg (km 9,2, ca. 300 m). Empfohlen wird ein geländegängiger Buggy.

Der Untergrund besteht hauptsächlich aus Asphalt, bietet jedoch häufig Grünstreifen neben der Straße. Außer an einer Bachquerung gleich zu Anfang (km 0,7) gibt es unterwegs keine weiteren Trinkmöglichkeiten für Ihren Vierbeiner. Es sollte bei Bedarf Wasser mitgeführt werden.

P Im historischen Ortskern von Ruppichteroth in unmittelbarer Nähe des Burgplatzes finden Sie kostenfreie Parkplätze.

Von Köln Hbf fahren Sie mit der S-Bahn S12 bis Hennef und von dort mit der Buslinie 530 oder 531 bis „Ruppichteroth-Denkmal". Von der Haltestelle gehen Sie ca. 300 m über die Mucher Straße in die Burgstraße zum Burgplatz.

„Die Braut über die Schwelle tragen" – dieser Spruch hat seinen Ursprung im Fachwerkbau. Früher gab es eine durchgehende Rahmenkonstruktion, die auch die Türöffnung nicht ausließ, auf der die gesamte Last des Bauwerks lag. Also musste man das Haus über die Schwelle betreten. Unter dieser, so glaubte man, wohnten die bösen Geister. Daraus resultierte der Brauch, dass der Bräutigam die Braut über die Schwelle trug.

Fachwerkidylle

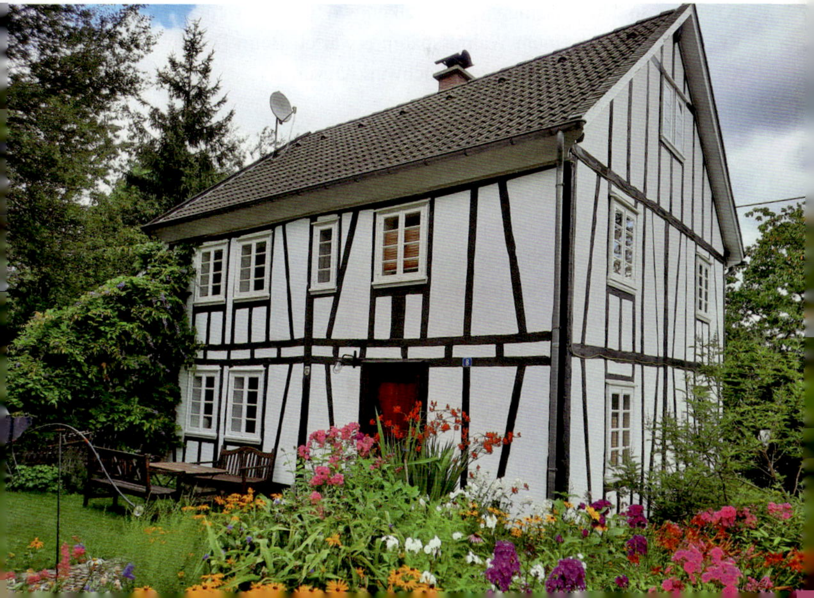

Vom Burgplatz mit der Infotafel A im Rücken führt Sie der Weg links an der Pfarrkirche ✞ St. Severin vorbei. Folgen Sie dann der Markierung aus dem historischen Ortskern heraus durch eine Siedlung. Nach wenigen Hundert Metern passieren Sie kurz vor dem Kreisverkehr den Juliusstollen. Die Geschichte des Bergbaus in Ruppichteroth wird durch die hier ausgestellten Kipploren dokumentiert. Ruppichteroth wurde bis Ende 1967 mit Trinkwasser aus dem stillgelegten Juliusstollen versorgt. Der Eingang ist hier noch zu sehen. Nach Überquerung des Kreisverkehrs treffen Sie auf verschiedene Lebensmittelgeschäfte, in denen Sie sich bei Bedarf noch mit Proviant eindecken können. Dann überqueren Sie einen Bach und folgen der Straße weiter der Markierung entsprechend bergauf. Unterwegs passieren Sie bereits einige Fachwerkbauten.

Kurz nachdem Sie den Wald betreten haben, wandern Sie an den Bienenstöcken eines Imkers vorbei und erreichen bald eine kleine Anhöhe, von der aus sich ein herrlicher Weitblick bietet.

Auch die folgende Rastbank ❶ (km 1,8) lockt mit einem wunderbaren Blick über Felder und Höhen. Gehen Sie den Weg weiter und wenden Sie sich an der nächsten Rastbank nach links die Straße bergab. Sie erreichen so den Ortseingang von Velken, wo Sie eine weitere Rastbank ❷ (km 2,4) unter einem Walnussbaum erwartet. Beim Durchwandern der Ortschaft sehen Sie schöne alte Fachwerkhäuser.

Die Balken der Häuser wurden früher aus Eichen gefertigt, die direkt vor der Haustür verfügbar waren. Allerdings reichte dieser Vorrat nur bis Mitte des 17. Jahrhunderts, dann waren die Waldflächen so weit abgeholzt, dass die Zimmerleute auf andere Gehölze ausweichen mussten. Darum finden Sie heute noch ältere Häuser in einem besseren Zustand vor als die späteren Bauten, die mit Fichtenholzbalken errichtet wurden, denn Eiche ist deutlich langlebiger als Nadelholz.

Eine weitere Rastbank (km 2,8) lädt zum Pausieren ein, bevor Sie kurz darauf die Bundesstraße 478 überqueren müssen (km 3). Seien Sie hier vorsichtig, denn es wird sehr schnell gefahren. Wandern Sie weiter durch die Ortschaft Oeleroth, wo Sie auch Beispiele für den Bergischen Dreiklang finden. Zu den schwarzen Fachwerkbalken und weißen Gefachen gesellen sich noch grüne Fensterläden.

An der nächsten Infotafel (km 3,3) wenden Sie sich der Markierung folgend nach rechts. Sie verlassen die Ortschaft bergauf über eine verkehrsarme Straße, genießen die sonnige Passage und erreichen auf der Höhe eine weitere Rastbank (km 4,5) mit schönem Blick ins Grüne. Kurz dahinter biegen Sie nach rechts auf einen Wirtschaftsweg ab und folgen der Markierung.

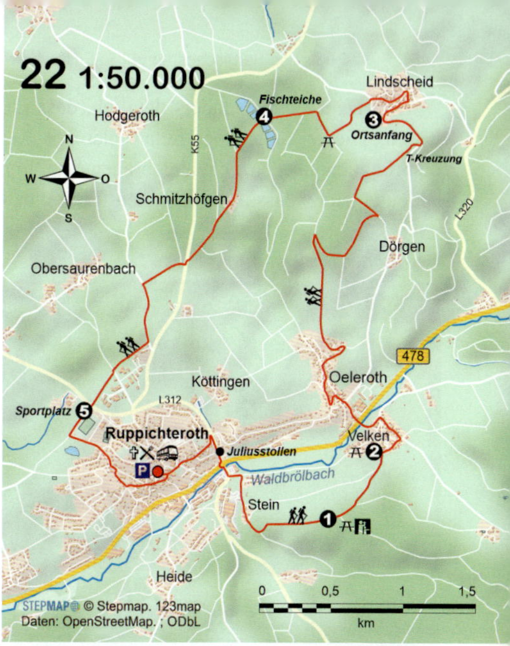

Im weiteren Verlauf führt Sie der Weg an Wiesentälern entlang. Wenig später biegen Sie nach links (km 5,4) auf einen etwas unebenen Forstweg ab, der für einen Buggy eine kleine Herausforderung darstellt. Er geht in einen Wiesenweg über, der Sie nach ca. 150 m wieder auf ein kleines Feldsträßchen führt. Genießen Sie den herrlichen Blick ins Grüne und folgen Sie weiter der Markierung.

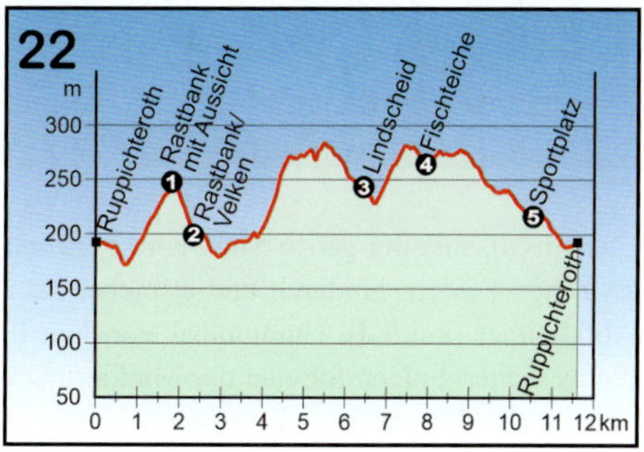

An der T-Kreuzung wenden Sie sich nach links und erreichen kurz darauf die Ortschaft Lindscheid ❸, die wiederum mit verschiedenen Fachwerkbauten lockt.

Hier zeigt sich besonders deutlich, dass die Handwerker „vom Fach" waren. Dieser heute noch sehr geläufige Ausdruck stammt tatsächlich ursprünglich aus dem Sprachgebrauch der Zimmerer im Fachwerkbau und bedeutet heute, dass man jemanden für kompetent in seinem Bereich hält.

Bergischer Dreiklang

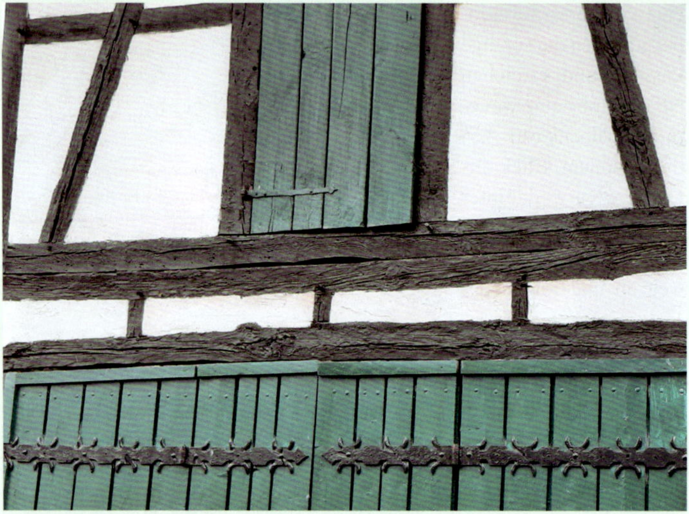

Am Ortsausgang gehen Sie weiter geradeaus auf einer kleinen Straße zwischen Feldern hindurch und erreichen so einen ⛩ Picknickplatz mit Abfalleimer (km 7,4). Unmittelbar vor dem Picknickplatz führt der Weg rechts weiter. Folgen Sie nun der Markierung leicht bergab, passieren Sie Fischteiche ❹ (km 8) und bleiben Sie auf diesem Weg. Die Markierung hier ist leicht zu übersehen.

Kurz hinter der nächsten ⛩ Rastbank gelangen Sie wieder auf eine Straße, in deren weiterem Verlauf Sie auf einen ⛩ Picknickplatz mit Abfallkorb an einer Straßenkreuzung treffen. Hier überqueren Sie die Straße und gehen links versetzt geradeaus in einen Feld-/Wiesenweg. Für ca. 300 m wird dies noch einmal zu einer kleinen Herausforderung, wenn Sie einen Buggy mitführen.

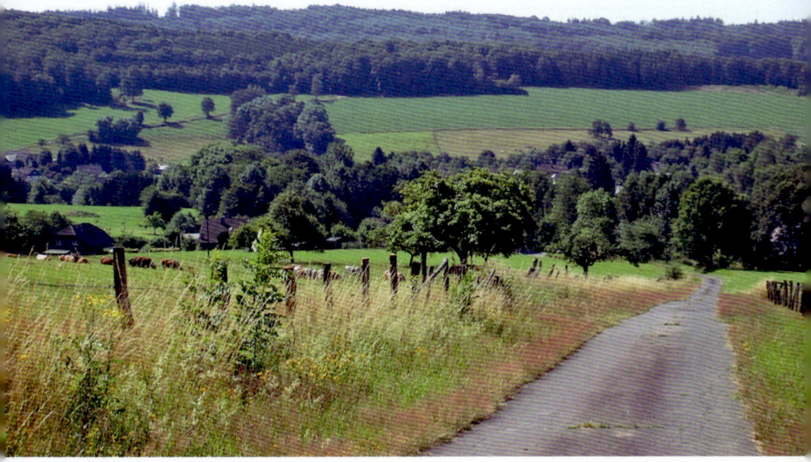

Auf dem Fachwerkweg

Dann gelangen Sie wieder auf eine Straße, welcher Sie nach links folgen. Hier ist kein Fußweg, achten Sie deshalb besonders gut auf den Autoverkehr. Nach weiteren ca. 400 m biegen Sie an einer ⛼ Rastbank mit Abfalleimer (km 9,9) nach rechts in einen Wirtschaftsweg ab und folgen diesem. Sie passieren nochmals eine ⛼ Bank, überqueren im weiteren Verlauf eine Straße und erreichen so die nächste ⛼ Rastmöglichkeit am Sportplatz ❺ (km 10,5). Nachdem Sie den Sportplatz passiert haben, biegen Sie links ab und folgen der Markierung bergab durch den Ort. An der nächsten ⛼ Rastbank wenden Sie sich nach links und wandern die Straße hoch. So erreichen Sie wieder den Ortskern von Ruppichteroth. Hier gehen Sie an der evangelischen ✞ Kirche vorbei und erreichen nun verschiedene Gastronomiebetriebe, z. B.:

🍴 Wirtshaus an St. Severin, Burgstraße 25, 53809 Ruppichteroth, ☏ 022 95/59 56, 💻 www.wirtshaus-ruppichteroth.de, 🚪 Di-Sa 17:00-24:00, So 11:30-15:00 u. 17:00-24:00, Mo Ruhetag

Gleich um die Ecke haben Sie dann das Ziel und damit gleichzeitig Ihren Ausgangspunkt erreicht.

23 Waldmythenweg – Waldbröl

Tour für Naturliebhaber und Mytheninteressierte

Der Wald, der heute einen so hohen Freizeitwert für uns besitzt, hat seit Jahrtausenden die Fantasie der Menschen beflügelt. Gehen Sie auf eine mystische Reise durch die bergischen Wälder und erfahren Sie einiges über den uralten Aberglauben rund um die Wesen im Wald, von denen in unzähligen Sagen und Legenden erzählt wird. Der Weg führt Sie bergauf und bergab über Forst- und Wiesenwege, Sie durchstreifen kleine Ortschaften und erfreuen sich immer wieder an herrlichen Blicken über die weite Mittelgebirgslandschaft. Sonnige und schattige Passagen wechseln sich ab.

Start/Ziel: Wanderparkplatz Vierbuchermühle, 51545 Waldbröl, GPS N 50°50.519' E 007°38.173'

12,6 km

3 Std. 30 Min.

323 m/323 m

216-361 m

23 (weiße Zahl auf rotem Grund), Wegweiser an allen Abzweigungen

hauptsächlich breite Forstwege sowie verkehrsarme Straßen, kurze Wiesenpassagen, siehe Anmerkung zum Landschaftsbild im Wandel – Seite 13

Haus am Mühlenberg (km 12,6), alternativ nutzen Sie den Abstecher (km 6,3) zum Panarbora für eine Einkehr. Wanderer erhalten hier einen vergünstigten Eintritt in Form eines Verzehrgutscheins über € 5.

Picknickplatz mit Weitblick (km 1,25), Rastbank (km 3,8), gemauerte Rastbank (km 4,5), Rastbank mit herrlicher Aussicht (km 5), Rastbank mit Weitblick (km 9,6), Rastbank (km 10,2 und km 12,4)

Der Weg ist für Kinder zwar herausfordernd, aber aufgrund der spannenden Geschichten über Waldwesen und Sagengestalten auf den Infotafeln und an den Audiostationen dennoch sehr interessant.

Der Weg eignet sich aufgrund sehr steiler Passagen und einiger Abschnitten über Wiesenwege nicht für die Mitnahme eines Buggys.

Der Untergrund ist abwechslungsreich und es gibt genügend Trinkmöglichkeiten für Ihre Hunde. Sie treffen immer wieder auf Bachläufe, die parallel zum Weg verlaufen oder die Sie kreuzen.

P Wanderparkplatz Vierbuchermühle an der Infotafel A am Start/Ziel

Für diesen Weg gibt es keine Anbindung an den öffentlichen Nahverkehr.

Vom Wanderparkplatz aus überqueren Sie an der Infotafel A die Landstraße, gehen der Markierung (weiße 23 auf rotem Grund) folgend auf der gegenüberliegenden Seite geradeaus in den Wald und wandern über einen schattigen, breiten Weg bergan.

„Den Reichen nehmen und den Armen geben" – so lautete der Legende nach das Motto von Robin Hood. Im Bergischen Land trieb im 19. Jahrhundert Carl Biebighäuser, der Wuppertaler Räuberhauptmann, mit seiner zwanzigköpfigen Räuberbande sein Unwesen. Doch da er der Überlieferung nach große Teile seiner Beute an die Armen verteilte, wurde er als der „bergische Robin Hood" verehrt.

Im Wald

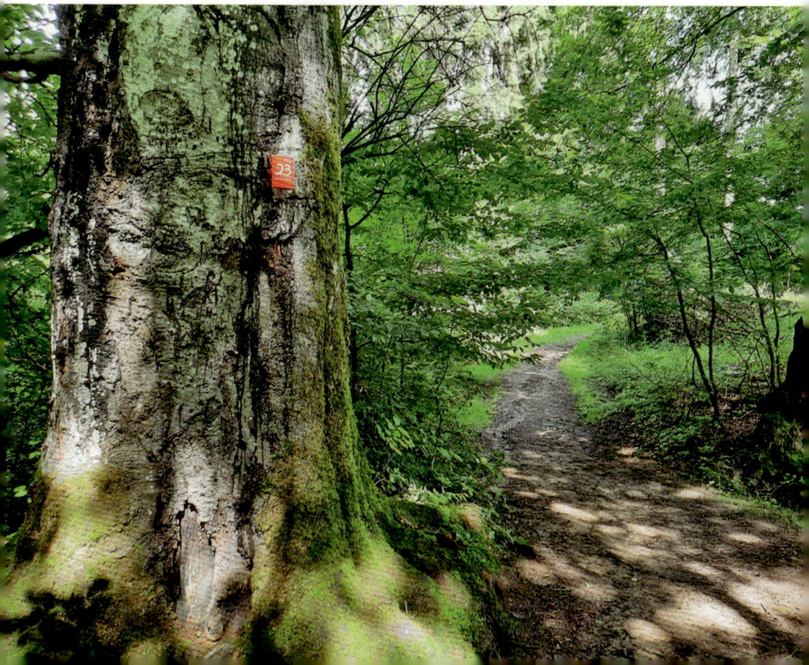

Auf der Kuppe erreichen Sie einen Picknickplatz (km 1,2) mit einem schönen Panoramablick. Von hier aus folgen Sie der Markierung wieder auf einen Forstweg und wandern weiter. Bei km 2,2 biegen Sie links ab, gehen auf einem Forstweg bergab und erreichen nach einigen Hundert Metern wieder eine Straße (km 2,85). Hier wenden Sie sich nach rechts und wandern dann an der nächsten Kreuzung (km 2,95) links über die Straße und an einem Bach entlang. Nach ca. 200 m biegen Sie rechts in einen Wiesenweg ein (die Markierung ist leicht zu übersehen!) und überqueren den Bach ❶.

Baumwipfelpfad Panarbora

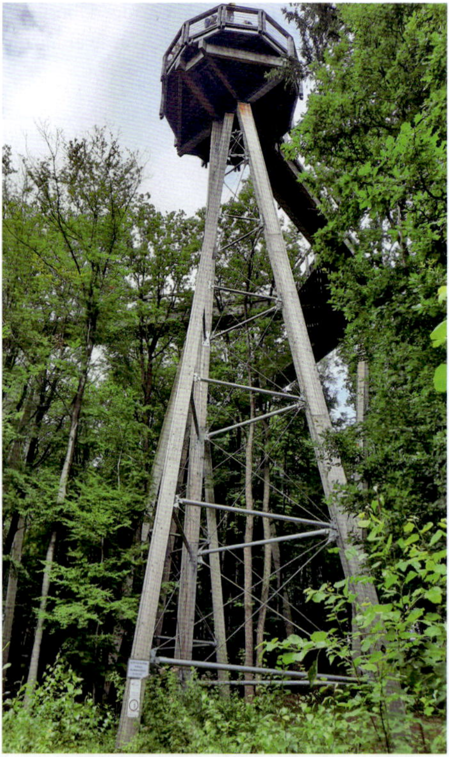

Geben Sie sich der mystischen Stimmung des Waldes hin und lernen Sie unterwegs Spannendes über Druiden. An der Infotafel D (km 3,8), die sich mit diesem Thema beschäftigt, wartet auch eine Rastbank auf Sie.

Gehen Sie auf dem Weg von der Tafel aus ca. 50 m weiter und laufen Sie dann in einer Spitzkehre nach links über das Feld. So erreichen Sie nach ca. 50 m einen schmalen Waldweg oberhalb der Tafel D. Sie wandern durch den Wald entlang eines Bachlaufs, überqueren erneut einen Bach (km 4,3) und biegen kurz danach rechts in einen bergan führenden Wirtschaftsweg ab.

Folgen Sie der Kennzeichnung weiter hinauf. Nachdem Sie die letzte Passage über ein Feld gemeistert haben, erwartet Sie oben am Waldrand eine Rastbank ❷ (km 5) mit einer herrlichen Sicht für eine wohlverdiente Pause.

Nun führt Sie die Wanderung wieder in den Wald und hält Geschichten über Elfen und Feen, die einen festen Platz in der Mythologie verschiedener Länder einnehmen, für Sie bereit. Bei km 6 passieren Sie wuchtige Stelzen, die zum Baumwipfelpfad des Panarbora gehören.

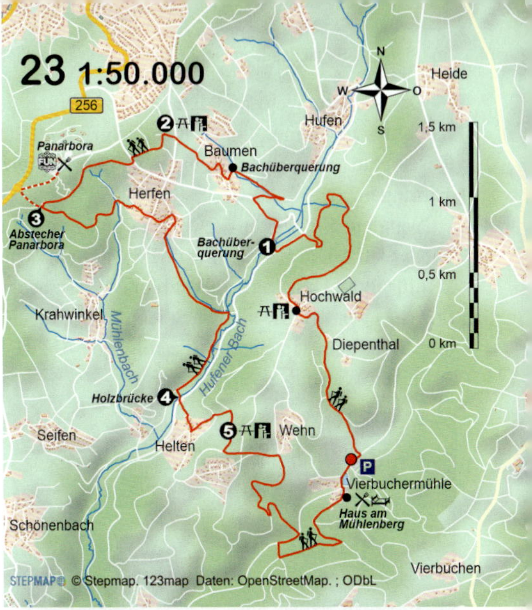

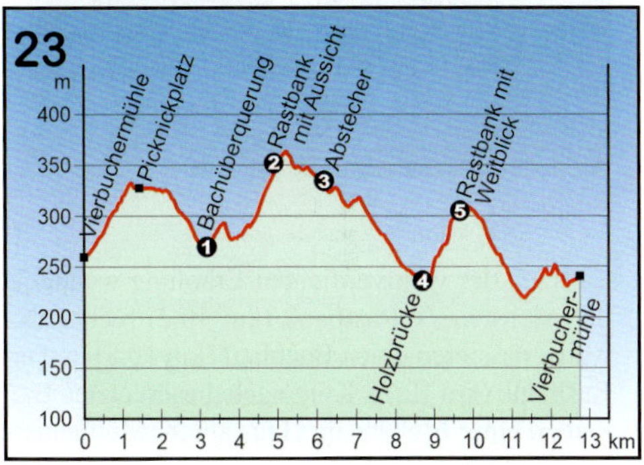

↳ Bei km 6,15 ❸ empfiehlt sich ein Abstecher zum Panarbora (ausgeschildert), einem Freizeitkomplex mit Naturerlebnis- und Baumwipfelpfad, Baumhäusern und einem Aussichtsturm mit Blick über die Bergischen Höhen. Das Restaurant hat täglich ab 11:00 Uhr geöffnet, Wanderer, die nur das Restaurant und den Abenteuerspielplatz besuchen wollen, können einen vergünstigten Eintritt in Form eines Verzehrgutscheins von € 5 an der Rezeption erwerben und im Restaurant einlösen. 💻 www.panarbora.de

Der weitere Weg, auf dem es jetzt bergab geht, ist den Zwergen und Kobolden gewidmet. Unter anderem erfahren Sie hier auch etwas über die Geschichte der Gartenzwerge und den Beginn der Serienproduktion in Thüringen.

Wandern Sie weiter der Markierung folgend abwärts. Dann treffen Sie wieder auf einen Bachlauf (km 7,5), der eine willkommene Trinkmöglichkeit für Ihren Hund bietet. Wald- und Wiesenwege wechseln sich ab. Im Tal (km 8,2) wenden Sie sich nach rechts und folgen dem Weg für einige Hundert Meter. Achten Sie auf die folgende Abzweigung (km 8,9) nach links auf einen Wiesenweg.

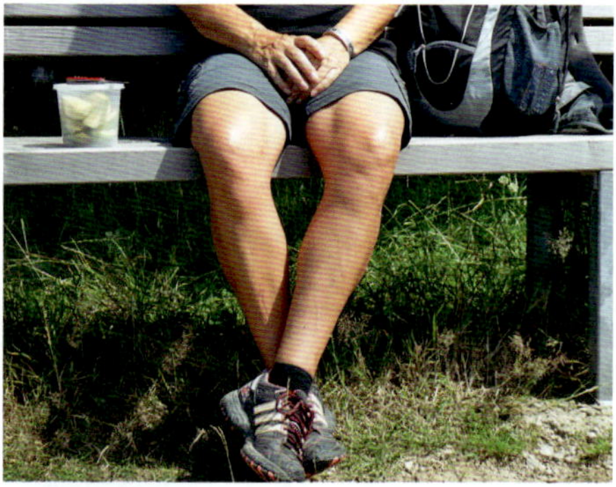

Rastplatz

Mit Hexengeschichten im Gepäck überqueren Sie nun den Bach über eine kleine Holzbrücke ❹ und gehen steil bergauf. Oben angekommen wird diese Anstrengung mit einem wunderbaren Blick von der bereitgestellten Rastbank ❺ (km 9,6) und weiteren Legenden, diesmal über Riesen, belohnt.

Nach der wohlverdienten Erholung wandern Sie weiter und biegen an der nächsten Rastbank (km 10,2) rechts ab. Sie folgen dem Weg talwärts, passieren einen Bachlauf (km 10,8) und erreichen so eine weitere Rastbank (km 12,2). Kurz nach dieser letzten Bank bietet sich die Möglichkeit zu einer Einkehr im Haus am Mühlenberg mit Restaurant, Biergarten und Hotelbetrieb. Wanderer sind herzlich willkommen.

Haus am Mühlenberg, Vierbuchermühle, 51545 Waldbröl, ☎ 022 91/70 52, info@vierbuchermuehle.de, www.vierbuchermuehle.de, Mo u. Mi-Fr ab 17:00, Sa u. So ab 11:00, Di Ruhetag

Von hier aus folgen Sie weiter der Markierung an Fischteichen vorbei und erreichen nach ca. 300 m Ihren Ausgangspunkt am Wanderparkplatz.

24 Baumweg – Morsbach

Tour für Naturliebhaber

Auf diesem Weg spielen Bäume und ihre Bedeutung im Leben von Mensch und Tier eine große Rolle. Es handelt sich um einen Mausweg, d. h., die Informationen auf den acht Infotafeln wenden sich in Teilen direkt an Kinder im Grundschulalter.

Der Weg ist sehr abwechslungsreich, wartet jedoch mit erheblichen Steigungen und Gefällen auf. Hier ist Trittsicherheit gefragt. Die Mühen werden mit einem grandiosen Ausblick auf der Hohen Hardt belohnt. Sonnige und schattige Passagen wechseln sich ab.

Start/Ziel: Parkplatz hinter dem Rathaus Morsbach, GPS N 50°51.829' E 007°43.690'

6,6 km

2 Std. 30 Min.

163 m/163 m

209-340 m

24 (weiße Zahl auf rotem Grund), Wegweiser an allen Abzweigungen

überwiegend breite, gut begehbare Wirtschaftswege und wenig befahrene Straßen, steile unwegsame Bergabpassage, siehe Anmerkung zum Landschaftsbild im Wandel – Seite 13

Unterwegs gibt es keine Einkehrmöglichkeit, im Start/Zielbereich finden Sie jedoch verschiedene Angebote.

Park mit Spielplatz, Fitnessgeräten und Bänken (km 0,15), >10 Rastbänke gut verteilt über die gesamte Wegstrecke, Schutzhütte (km 4,2 und km 4,7)

Im Start-/Zielbereich finden Sie Möglichkeiten, Proviant einzukaufen.

Es handelt sich um einen Mausweg. Es gibt viel zu entdecken, die steilen Passagen erfordern allerdings Trittsicherheit.

Für Buggys ist der Weg aufgrund der extrem steilen Passagen ungeeignet.

Der Untergrund ist abwechslungsreich und es gibt unterwegs ausreichend Trinkmöglichkeiten. Ein Bach verläuft zu Anfang parallel zum Weg.

Im Start-/Zielbereich befinden sich kostenfreie Parkplätze.

Von Köln Hbf fahren Sie mit dem Zug RE9 bis Wissen und von dort mit der Buslinie 347 bis Morsbach Busbahnhof.

Diese Wanderung beginnt auf dem Parkplatz hinter dem Rathaus. In unmittelbarer Nähe zum Start haben Sie noch Gelegenheit, Proviant einzukaufen. Von der Infotafel A wenden Sie sich dann nach links und folgen der Markierung über den Busbahnhof nach rechts in den schönen Park mit Spielplatz, Fitnessgeräten und Bänken. Sie wandern durch den Park und nutzen die Brücke zur Überquerung der Wisser. Während Sie nun einige Zeit lang die Wisser auf dem Uferweg begleiten, recken sich am Hang links von Ihnen Mischwälder mit auch noch einigen verbliebenen Fichten in die Höhe.

Abstecher zur Hängebrücke

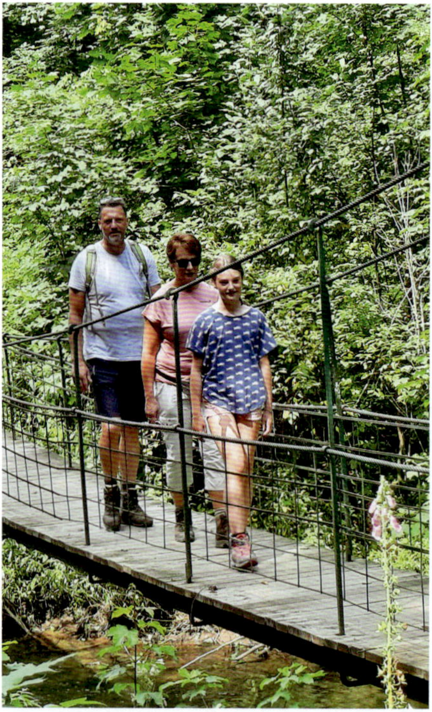

Fichten sind sehr vielseitige Bäume. Sie verfügen über Aromastoffe, dienen als Heilpflanze, sind als Weihnachtsbaum beliebt und werden auch „Brotbaum" der Forstwirtschaft genannt. Allerdings stammt auch der gelbe Staub, der regelmäßig im Frühjahr alles überzieht und bei dem es sich nicht, wie oft angenommen, um Sand aus der Sahara handelt, meistens von den Blütenpollen der männlichen Fichten. Diese Nadelbäume sind aber auch ein prominentes Opfer des Klimawandels. Trockenheit und Borkenkäferbefall haben auch hier für großflächig abgestorbene Fichtenwälder gesorgt.

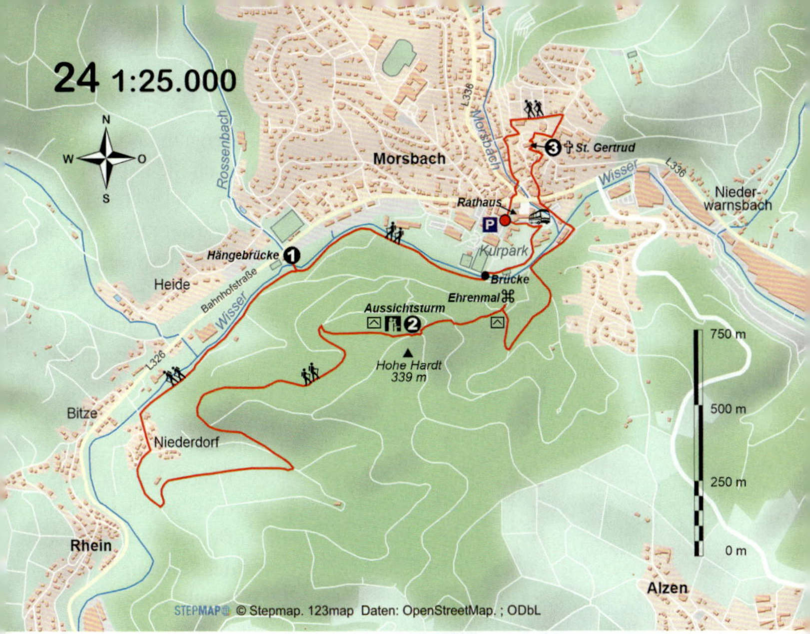

Auf einer der ⛼ Bänke mit Blick auf den Bach können Sie eine Pause einlegen, lauschen Sie dem Vogelgezwitscher und dem beruhigenden Murmeln des Baches – oder Sie machen einen kleinen Abstecher ↳ nach rechts auf die hölzerne Hängebrücke ❶ (km 1,1). Spüren Sie die Schwingungen der Brücke und kehren Sie dann auf den Uferweg zurück.

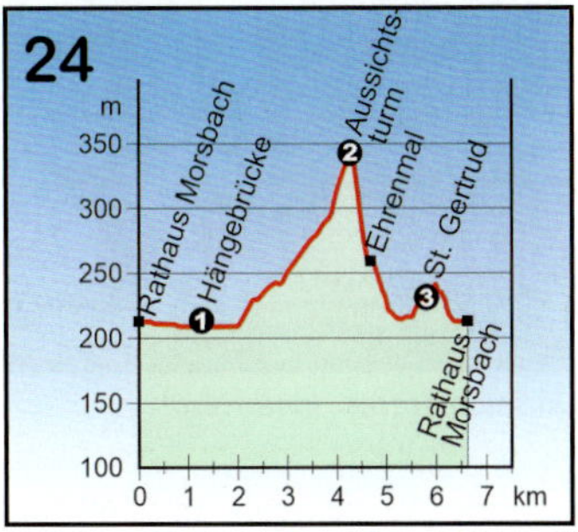

Sie passieren weitere ⛼ Rastbänke, biegen bald nach links auf die Straße Niederdorf ab und folgen der Markierung weiter bergan.

Ganz nebenbei lernen Sie etwas über die Geschichte der Linden als „Gerichtslinden“, unter denen im Mittelalter häufig Recht gesprochen wurde.

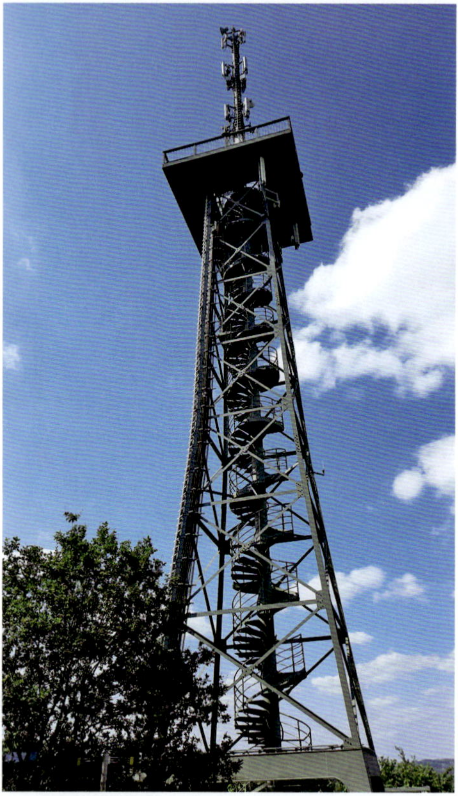

Aussichtsturm Hohe Hardt

Gehen Sie die Straße bergauf, bis die Markierung Sie links ab auf einen Wirtschaftsweg führt (km 2,2). Wandern Sie durch die Natur, entdecken Sie die unterschiedlichen Bäume und erfahren Sie unterwegs mehr über weitere Baumarten wie Eiche und Weide.

Folgen Sie der Markierung weiter bergan. Auf einer ⊼ Rastbank an der Steigung können Sie sich noch einmal ausruhen, bevor Sie die letzten Höhenmeter zur Hohen Hardt in Angriff nehmen.

Oben angekommen empfängt Sie zunächst eine weitere ⊼ Rastbank (km 4,2), bevor Sie dann den Aussichtsturm ❷ erreichen.

Eine Wendeltreppe mit 169 Stufen wartet darauf, erklommen zu werden. Sie sollten jedoch schwindelfrei sein, wenn Sie sich auf den Weg hinaufbegeben.

Die Mühen werden bei gutem Wetter mit einem grandiosen Panoramablick auf das Bergische Land, den Westerwald und das Sieger- und Sauerland belohnt. Wohin Sie auch schauen, Bäume repräsentieren den Erholungswert dieser Regionen.

Neben dem Aussichtsturm befindet sich eine ⌂ Schutzhütte. An dieser vorbei führt der Weg jetzt über einen schmalen Pfad mit Wurzelpassagen steil bergab. Hier ist Trittsicherheit und bei feuchter Witterung besondere Vorsicht gefragt. Nach ca. 100 m überqueren Sie einen Wirtschaftsweg und gehen weiter geradeaus steil bergab.

Unterwegs erwartet Sie eine ⊼ Rastbank, auf der Sie eine kurze Pause einlegen können, bevor es weiter talwärts geht. Der steile Weg mündet in eine Treppe mit 17 Stufen.

Auf der Ebene erreichen Sie das ⌘ Ehrenmal (km 4,6) und eine weitere ⊼ Rastbank. Von hier aus haben Sie eine gute Sicht auf Morsbach.

Sie folgen wieder der Markierung und wandern den Wirtschaftsweg weiter leicht bergab, vorbei an einer ⌂ Schutzhütte (km 4,7). Kurz danach wenden Sie sich an einer ⊼ Rastbank nach links und gehen bergab. So erreichen Sie über einen Wirtschaftsweg entlang eines Bächleins wieder den Ortskern von Morsbach.

Typische Bäume auf dem Weg

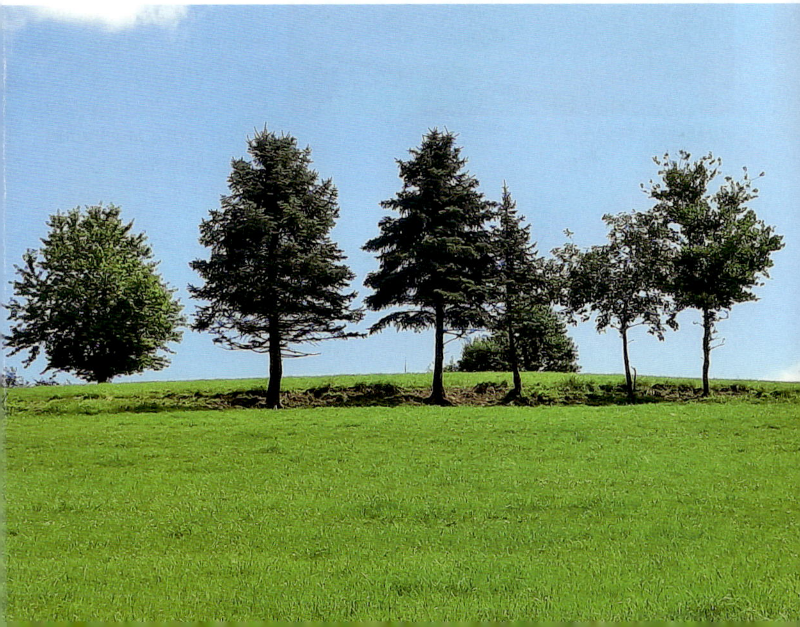

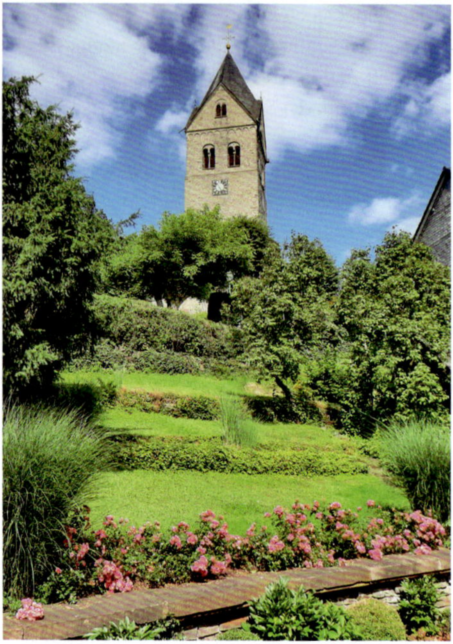

Kirche St. Gertrud

Der Weg führt Sie nun durch ein historisches Viertel mit Fachwerkhäusern zur katholischen Kirche ✝ St. Gertrud ❸, eine spätromanische Emporenbasilika, schön umsäumt von alten Linden, die älter ist als der Kölner Dom. Wandern Sie um die Kirche herum und verlassen Sie den Kirchplatz durch den Torbogen nach rechts auf die Straße.

Gehen Sie dann links die Kastanienallee hinauf und folgen Sie der Markierung weiter durch den Ort zurück zu Ihrem Ausgangspunkt hinter dem Rathaus.